Entwarnung! – Kein Feind mehr in Sicht. Aufrollen

GU TIER-
ERLEBNISSE

Helga Hofmann

DER IGEL

Unser geliebtes Stacheltier –
kennenlernen, erleben, schützen.
Ratgeber: Igel überwintern in
Haus und Garten.

GU GRÄFE UND UNZER

Warum wir den Igel lieben

Ein Wort zuvor

Gewitzt, listig und nicht »greifbar« – das ist für uns der Igel. Wir schätzen seine »bewaffnete Neutralität«, denn er weiß sich zu verteidigen, ohne zu kämpfen. Wir bewundern ihn im Märchen, wie er sich mit Schlauheit gegen den Stärkeren behauptet. Und obwohl er sich zum Kuscheln durchaus nicht eignet, lieben Kinder ihren Mecki mindestens so heiß wie ihren Teddy.
Doch wie gut kennen wir den Igel wirklich? Was wissen wir von diesem Säugetier, das schon seit Urzeiten unsere Erde bevölkert? In diesem neuen GU Tiererlebnis-Buch wird uns das geliebte Stacheltier so richtig vertraut gemacht. Dabei greifen wir unter anderem auf eine schöne und bewährte Tradition zurück: die Tiergeschichte. Fundiertes biologisches Wissen liest sich nun mal viel spannender, wenn es unterhaltsam aufbereitet und erzählt wird.
So erleben wir in der Igel Geschichte ein Jahr aus dem Leben eines Igels hautnah mit, vom Erwachen im Frühling an, über Brautwerbung, Jungenaufzucht und allerlei Abenteuern bis zum Rückzug in den Winterschlaf. Im Teil Igel Biologie wird auf kurzweilige Art alles Wissenswerte über den Igel berichtet, beispielsweise warum er als »Erfolgsmodell« der Evolution gilt, das sich aufgrund des Abwehrsystems Stacheln und der nächtlichen Lebensweise seit seinem Ursprung vor 60 Millionen Jahren bis heute kaum verändert hat.
Im Igel Ratgeber mit den speziell dafür gemachten Aufnahmen von Monika Wegler finden Sie ausführliche Experten-Tips zu Igelschutz und Igelhilfe, dazu kompetenter Rat, wie Sie einem kranken oder untergewichtigen Igel wirklich helfen können, über den Winter zu kommen.
Ein nachtaktives Tier wie den Igel zu beobachten ist nicht leicht. Den Fotografen ist es dank Hartnäckigkeit und Ausdauer gelungen, ungewöhnliche, zum Teil noch nie gesehene Igelaufnahmen zu machen. Zusammen mit den bezaubernden Zeichnungen von György Jankovics bietet das neue GU Tiererlebnis-Buch somit auch eine einmalige Igel Bilderschau.
Autorin und Verlag danken den Naturfotografen, den Igelstationen und insbesondere den Igelfilmern Otto Hahn und Helmut Barth, deren Arbeiten wertvolle Anregungen zu diesem Buch gaben.
Lesen, schauen und staunen Sie über die Fähigkeiten und das Verhalten des Wildtiers Igel. Die GU Naturbuchredaktion und die Autorin wünschen Ihnen dabei viel Spaß.

BEGEGNUNG IM MORGENGRAUEN

Scheinbar einträchtig finden Iltis und Igel sich nach getaner Nachtjagd am Weiher ein und nehmen einen letzten Schluck vor dem Schlafengehen. Doch am heruntergelassenen Stachelvisier des Igels kann man erkennen, daß die Idylle trügt.
Wilhelm Busch hat sich in seinem Tier-ABC dazu folgenden Reim einfallen lassen: »Trau einem Igel nicht, er sticht, der Iltis ist auf Mord erpicht.«

SELBSTBESPEICHELN – MARKIERUNG ODER TARNUNG?

Keine Angst vor einem Igel mit Schaum vorm Mäulchen. Er ist nicht tollwütig, sondern frönt nur einer alten Igelleidenschaft, dem Selbstbespeicheln. Plötzlich sitzt er da und kaut, entzückt von einem intensiven Duft, minutenlang völlig selbstvergessen auf einem Gegenstand herum. Dabei produziert er große Mengen schaumigen Speichels. Den schleudert er dann mit der Zunge auf seinen Rücken und an die Flanken. Warum er das tut, weiß man bis heute nicht genau. Nur eines ist sicher: Das Verhalten ist angeboren. Igelbabys beginnen damit schon im zarten Alter von 14 Tagen.

GIFTZAHN GEGEN STACHELWEHR

Was veranlaßt den Igel, sich mit der gefährlichen Kreuzotter anzulegen? Ganz einfach, sie schmeckt ihm. Doch nur selten gelingt es unserem Stachelritter, die flinke Schlange so in die Enge zu treiben, daß sie ihm nicht mehr entwischen kann. Dann aber weiß er sich ihrer sehr wohl zu erwehren. Seine Stacheln sind nämlich länger als ihre Giftzähne, und so endet ein solcher Kampf meistens zugunsten des Igels.

EIN IGEL IST KEINE WASSERRATTE

Von Natur aus kann Mecki zwar schwimmen, aber nicht lange und ausdauernd. Er tut es nur, wenn er muß, zum Beispiel wenn er ins Wasser gefallen ist. Leider passiert das in unseren Gärten häufig. Ein Teich oder ein Schwimmbecken sind solche nassen Fallen, in die ein Igel tappen kann. Auch über den üppig bewachsenen Rand eines Bachs kann er versehentlich ins Wasser plumpsen, wenn er mit der Nase immer dicht am Boden nachts auf Futtersuche ist.

ZWEISAMKEIT – BEI IGELN EINE SELTENHEIT

Daß die beiden nicht mit vorgeschobener Stachelhaube aufeinander losgehen, sondern friedlich aus einer Pfütze trinken, hat einen plausiblen Grund: Sie sind Geschwister, und die vertragen sich, solange sie noch jung sind. Ein erwachsener Igel hingegen ist ein ausgemachter Einzelgänger und kann es auf den Tod nicht leiden, wenn ihm ein Artgenosse zu nahe auf die Stacheln rückt.

TAGSÜBER SCHLÄFT DER IGEL, NACHTS WIRD ER AKTIV

Sobald es dämmert, verläßt der Igel sein Tagesnest und ist unterwegs auf Beutesuche. Beobachten kann man den Stachelfrack bei seinen Mahlzeiten in der Dunkelheit allerdings nicht, es sei denn, der Mond scheint hell. Dafür hört man ihn umso besser schnüffeln und schnaufen und laut schmatzen, wenn er eine Nacktschnecke oder einen dicken Nachtfalter verputzt.

Wahrscheinlich hat die nächtliche Lebensweise des Igels dazu beigetragen, daß seine Art bis heute überlebt hat. Tatsächlich ist der Igel so etwas wie ein »lebendes Fossil«. Er gehört nämlich zu einer der ursprünglichsten Säugetiergruppen, den Insektenfressern, die schon vor 180 Millionen Jahren zusammen mit den Sauriern die Erde bevölkerten. Tagsüber waren viele der Riesenechsen gefräßige Räuber, dafür nachts wie alle Reptilien träge und steif. Diese ökologische Nische nützten die kleinen Insektenfresser aus. Aufgrund ihrer gleichwarmen Körpertemperatur und des wärmenden Haarkleids konnten sie in der Nacht aktiv sein, und das sind sie bis heute geblieben.

NOCH BLIND UND TAUB, ABER SCHON STACHELIG

Auf die Welt kommen Igelbabys wie viele Tierkinder: Sie können weder sehen noch hören, und sie sind nackt – bis auf die Stacheln. Die wachsen nicht erst, die sind schon da. Und sie sind nicht etwa weich, sondern spitz und hart und bereits 3 mm lang. Aber wie ist das möglich, ohne daß die Mutter bei der Geburt verletzt wird? Wie immer hat auch hier die Natur dafür gesorgt, daß alles glattgeht.

KUSCHELN TROTZ STACHELN – DAS GIBT ES NUR BEI IGELN

Drei Wochen nach der Geburt geht es im Igelnest zu wie in jeder Kinderstube. Quietschend und schubsend drängeln sich die Kleinen um Mutters Zitzen und boxen sich dabei nach rechter Igelart gegenseitig mit dem Kopf. Sie üben Selbstbespeicheln und versuchen schon, sich einzurollen. Wenn sie von der Müdigkeit übermannt werden, schmiegen sie sich wärmend aneinander und schlafen.

DER IGEL – »ERFOLGSMODELL« DER EVOLUTION

Alles, was Sie schon immer über den Igel wissen wollten, vom Körperbau und dem ausgeklügelten Waffensystem Stacheln über das Phänomen Winterschlaf bis zu allen Igeln dieser Welt.

Der Igelkörper – seit Urzeiten kaum verändert

Der Igel ist ein Säugetier und somit Vertreter einer Tierklasse, die uns Menschen besonders wichtig erscheint, weil wir selbst ihr angehören. Vieles hat er mit uns gemeinsam, unter anderem ein inneres Skelett aus Knochen oder Knorpeln, ohne das Haut und Muskeln wie ein schlaffer Sack in sich zusammenfallen würden. Der Ursprung des Igels reicht weit zurück in die graue Vorzeit (→Ein wenig Stammesgeschichte, Seite 43). Interessant ist, daß sich der Igel über die Jahrmillionen hinweg in Körperbau und Verhalten kaum verändert hat. Offensichtlich hatte er das nicht nötig, dank seines Stachelkleids. Unter dessen Schutz weiß er sich zu verteidigen, ohne zu kämpfen, kann er verwunden, ohne selbst anzugreifen.

Der urtümliche Körperbau

In der zoologischen Systematik zählt der Igel zur großen Gruppe der Wirbeltiere. Diese sind sich, was den grundlegenden Bauplan ihrer Knochen anbelangt, mehr oder weniger alle gleich. Tatsache ist, daß unser Stachelritter unter seinem waffenstarrenden Äußeren vergleichsweise nicht viel anders aussieht als etwa der Hund. Auch er verfügt über eine bewegliche Wirbelsäule, an der die Gliedmaßen, die vier Beine, mittels Gelenken »aufgehängt« sind. Auch bei ihm sitzt an dem einen Ende der Wirbelsäule der Kopf, während das andere Ende in einen Schwanz ausläuft. Der ist allerdings nur 2 cm kurz und gewöhnlich vom Fell und den Stacheln überdeckt.

Während viele Tiere sich in Lebensweise und Körperbau auf irgend etwas spezialisiert haben – zum Beispiel der Maulwurf mit geringer Sehkraft, dafür mit großen Grabhänden ausgestattet, auf ein Dasein unter der Erde –, bedurfte der Igelkörper keiner »Umkonstruktion«. Er ist also sozusagen ein »Erfolgsmodell« der Evolution.

Größe: Sie variiert je nach Region. Hierzulande kann ein ausgewachsener Igel 22 bis 30 cm groß werden, manch stattliches Exemplar bringt es sogar auf 35 cm. Das gilt übrigens für Männchen wie für Weibchen, denn in der Größe unterscheiden sich die beiden nicht (→Männchen oder Weibchen?, Seite 84). Hingegen sind auf den Britischen Inseln sowie in den nord- und osteuropäischen Ländern die Igel durchschnittlich zierlicher als in Mittel- und Südeuropa.

Gewicht: Hier kommt es auf die Jahreszeit an. Im Frühjahr, kurz nach dem Erwachen aus dem Winterschlaf, schlottert einem Igel sozusagen die Haut um die Knochen, da er ja während der langen Monate ohne Nahrungsaufnahme ausschließlich von seinen Fettreserven gezehrt hat (→Das Phänomen Winterschlaf, Seite 40).

Mit solch kräftigen Krallen läßt sich gut scharren.

In diesem abgespeckten Zustand wiegt er manchmal nur noch 400 g. Am Ende des Sommers kann er es bei einem reich gedeckten Tisch in freier Wildbahn durchaus auf 1200 g und mehr bringen. In häuslicher Pflege (→Seite 77) allerdings frißt sich manch ein Igel schon mal 2 kg und noch mehr an, wobei solch ein Übergewicht für ihn alles andere als gesund ist und ihm eher schadet.

Der Kopf mit zweierlei Gesichtern

Vom Kopf sieht man nur das Gesicht, ein behaartes Dreieck mit schwarzen Knopfaugen und einem »Schweineschnäuzchen«. Stirn und Oberkopf sind ganz von Stacheln bedeckt, die sich sofort vorschieben, wenn der Igel Gefahr wittert. Seitlich »spitzen« runde, unbehaarte, 2 bis 3 cm große Ohrmuscheln hervor.

Igelpaarung – vor Jahrmillionen genauso wie heute.

Wenn er's eilig hat, macht der Igel lange Beine.

Im Volksmund spricht man oft von zweierlei Igeln, dem »Hundsigel« mit steiler Stirn und stumpfer Schnauze und dem »Schweinsigel« mit flacher Stirn und spitzer Schnauze. In Wirklichkeit ist immer nur von dem uns wohlbekannten einen Igel die Rede. Erschrickt er, bekommt er mit seinen aufgestellten Stirnstacheln und dem eingezogenen Kopf ein hundeähnliches Aussehen. Streckt er hingegen neugierig das Schnäuzchen vor und legt die Stacheln nach hinten, ist er der gewitzte »Swinegel«, der den dummen Hasen im Märchen mit seinem triumphierenden »Ich bin schon da!« zur Verzweiflung bringt.

Versteckte Gliedmaßen

Der Igel ist ein heimlicher Geselle. Seine Beine zum Beispiel zeigt er nur her, wenn er es eilig hat. Dann streckt er sie aus, um möglichst große Schritte machen zu können. Daß sie gute 10 cm lang sind, läßt sich ansonsten nicht erkennen, denn sie sind unter einem »Rock«, den das Flankenfell bildet, versteckt (→Das Fell, Seite 25). Der Igel geht und steht normalerweise nämlich »knickebeinig« herum, das heißt, er knickt in den Knien so ein, daß sein Bauch fast über den Boden streift. Auf diese Weise muß er nicht ständig sein ganzes Körpergewicht hochgestemmt halten.

Im übrigen tritt der Igel »fest« auf, das heißt auf der ganzen Fußsohle. Das nennt man Sohlengänger, im Gegensatz zu den Zehen- oder gar Zehenspitzengängern, die nur mehr mit den Zehenspitzen den Boden berühren, wie zum Beispiel das Pferd. Entwicklungsgeschichtlich hat das mit der Gangart zu tun. Je schneller ein Tier wurde, desto mehr hoben sich die Füße vom Boden ab. Woraus sich schließen läßt, daß unser Igel die langsame Gangart bevorzugt.

Die Füße sind mit Ausnahme der Fußsohlen behaart und haben vorne wie hinten fünf krallenbewehrte Zehen. Damit scharrt der Igel im Laub herum

oder gräbt auch schon mal in der lockeren Erde einen Regenwurm frei (→Was der Igel frißt, Seite 32).
Bei manchen afrikanischen Igeln, zum Beispiel dem Algerischen oder dem Kap-Igel, ist die erste Zehe der Hinterfüße verkümmert oder fehlt ganz. Deswegen heißen sie Vierzehenigel (→Alle Igel dieser Welt, Seite 45).
Bewegungen: Meist legt der Igel keine große Eile an den Tag und bewegt sich bedächtig dahin. Doch sobald er etwas Fremdartiges wahrnimmt, stellt er blitzartig seine Stirnstacheln auf und rollt sich alsbald zu einer Stachelkugel zusammen (→Das Stachelkleid, Seite 26). Manchmal trippelt er mit durchgestreckten Beinen davon, und dann sieht er nicht nur größer und imposanter aus, sondern kann auch ganz schön schnell laufen.
Springen oder auf den Hinterbeinen sitzen kann der Igel nicht. Klettern hingegen schon. Nicht gerade auf einen Baum, aber über den Rand einer hohen Kiste und sogar eine unebene Mauer hoch. Oben angekommen, igelt er sich ein und plumpst auf der anderen Seite einfach hinunter. Dabei fangen die Stacheln den Aufprall elastisch auf und dämpfen ihn (→Das Stachelkleid, Seite 26). Auf solche Klettertouren sollten Tierfreunde sich gefaßt machen, die einem Igel ein Winterquartier einrichten (→Igel als Hausgäste überwintern, Seite 74).
Und noch etwas macht der Igel mit seinen Füßen, sich kratzen. Dabei entwickelt er eine erstaunliche Gelenkigkeit und langt mit den Hinterfüßen bis zum Rücken hinauf.

Das Fell – kein ausreichender Schutz gegen Kälte

Auffallend sind beim Igel vor allem die Stacheln. Auf sie gehe ich eigens ein (→Seite 26). Ansonsten trägt er ein graubraunes, etwas struppiges, teilweise sehr kurzhaariges Fell, durch das man die ebenfalls graubraune Haut erkennen kann. Hin und wieder gibt es auch Igel, denen das Fehlen von Pigmenten angeboren ist, sogenannte Albinos (→Foto, Seite 26).
Als Schutz gegen die Kälte reicht dem Igel sein Fell leider nicht. Ihm ist eine andere Strategie zu eigen, der Winterschlaf (→Seite 40). Deswegen wechselt er auch nicht wie andere felltragende Tiere von dünnem Sommerkleid zu dikkem Winterpelz. Ihm fallen die Haare kontinuierlich aus und wachsen wieder nach (→Das Stachelkleid, Seite 26).
Sein Fell putzen ist dem Igel kein sehr großes Bedürfnis. Zwar leckt er sich nach einer Mahlzeit das Schnäuzchen und wischt auch mit den Vorderpfoten darüber. Aber er kann sich nicht hinsetzen, um

Dem Igel sitzt die Haut so locker, daß er sie weit verschieben und sich platt wie eine Flunder machen kann.

das Bauchfell abzuschlecken wie zum Beispiel die Katze. Allerdings kratzt er sich häufig und ausgiebig und kämmt dabei mit den Krallen der Hinterfüße sein Fell durch. Und seine Füße werden regelmäßig gewaschen, wenn er durch regen- oder taunasses Gras marschiert.
Die Haut mit Fell und Stacheln sitzt dem Igel so locker wie uns ein großer Pullover. Sie läßt sich weit verschieben, ebenso die darunterliegenden Muskeln. So kann sich der Igel platt wie eine Flunder mit eng angelegten Stacheln durch die schmalsten Spalten drücken, etwa unter Zäunen hindurch oder zwischen aufgeschichteten Baumstämmen ins schützende Dunkel hinein.

Die Zähne – der Nahrung angepaßt

Da der Igel ein Insektenfresser ist, sind seine Zähne spitz und scharfkantig. Schließlich muß er mit ihnen harte Käferpanzer aufknacken. Sie kommen ihm aber auch beim Öffnen von Schneckenhäusern oder Eierschalen zugute. Die Backenzähne sind zwar deutlich größer als die Schneidezähne, haben aber keine breiten, glatten Mahlflächen. Deswegen kann der Igel harte Nahrungsteile zwischen den Zähnen nicht fein zermahlen, sondern nur zerdrücken, so gut es eben geht. Dann schluckt er die Stückchen hinunter, und der Magen erledigt den Rest (→Wie der Igel verdaut, Seite 34).
Zusammen mit Schnecken und Regenwürmern kommt dem Igel auch Sand zwischen die Zähne. Dadurch werden diese im Laufe der Jahre stumpf. Bedingt durch Zahnsteinbildung und Parodontose können die Zähne im Alter (mit drei bis vier Jahren) oft reihenweise ausfallen. So ein zahnloser Igel muß dann verhungern, weil er nicht mehr genügend Nahrung aufnehmen kann. Allerdings passiert das in freier Wildbahn nur selten, einfach weil Igel dort gewöhnlich gar nicht so alt werden.

Ein Albino, unter Igeln eine Seltenheit, hat nicht nur helle Stacheln, sondern auch eine rosige Haut und rote Augen.

Das Stachelkleid – Schutz und Waffe zugleich

Im wahrsten Sinne des Wortes hervorstechend sind die Stacheln des Igels. In einem Kindergedicht heißt es ganz lapidar: *Der Igel ist ein stachlig Tier, / hat Stacheln dort und Stacheln hier. / Weshalb, das weiß er selber nicht, / er sticht nun mal, er sticht, er sticht / ganz rundherum.*
Rein biologisch gesehen steckt hinter diesem scheinbar ausgeklügelten »Waffensystem« allerdings kein besonderes Geheimnis, denn Igelstacheln sind nichts anderes als Haare, wenn auch in abgewandelter Form.

Besondere Eigenschaften

Die Stacheln bestehen wie alle Haare hauptsächlich aus einer Eiweißsubstanz, Keratin genannt. Sie sind bei einem erwachsenen Igel 2 bis 3 cm lang, etwa 2 mm dick und hohl. Dennoch sind sie stabil, da ihre Wände innen mit Wülsten verstärkt sind. Dadurch gewinnen sie sowohl an Festigkeit und Stärke als auch an Leichtigkeit. Sonst müßte der Igel sein Lebtag ein beträchtliches Gewicht auf seinem Buckel herumschleppen (→Wieviele Stacheln hat ein Igel?, Seite 28).

Igelstacheln sind sehr spitz. Wer schon einmal einen Igel in die Hand genommen hat, konnte das schmerzhaft verspüren. An ihrer Wurzel hingegen sind sie kolbenförmig verdickt, zudem biegen sie sich, kurz nachdem sie aus der Haut herausgewachsen sind, um etwa 30 bis 40 Grad. Durch diese höchst sinnvolle Vorrichtung wird zum einen verhindert, daß sich der Stachel ins Fleisch hineinbohrt, zum andern jeder Stoß oder Aufprall abgefedert. So kann sich der Igel sogar von 1 bis 2 m hohen Mauern einfach hinunterplumpsen lassen, ohne sich weh zu tun.

Einen zusammengerollten Igel zu »knacken« schafft auch der Fuchs nicht.

Die Farbe – eine nützliche Tarnung

Gewöhnlich sind die Stacheln weißlich oder cremefarben mit einem breiten dunkelbraunen oder schwarzen Band unterhalb der weißen Spitze. Diese Bänderung läßt das Stachelkleid gräulich erscheinen, eine Tarnfarbe, die sich in der freien Wildbahn als ungemein nützlich erweist. Hie und da wachsen auch einzelne vollkommen weiße Stacheln. Die fallen aber erst dann auf, wenn sie regelrechte Flecken bilden. Derartige Farbabweichungen kommen bei vielen Tierarten mehr oder weniger häufig vor. Beim Igel trifft auf etwa 10.000 normale einer mit weißen Stachelpartien. Tiere mit ausschließlich weißen Stacheln sind dagegen äußerst selten. Solche Igel haben im Gegensatz zu Albinos (→Foto, Seite 26) ein normal braunes Fell an Kopf und Bauch, dunkle Füße und schwarze Augen. Einen vollkommen schwarzen Igel hat man hingegen noch nie gefunden, im Gegensatz zu anderen Säugetierarten wie zum Beispiel Eichhörnchen und Mäusen oder dem Panther, der wohl bekanntesten schwarzen Farbvariante.

Schutz und wirksame Verteidigung

Als Fellersatz taugt das Stachelkleid nicht. Es wärmt weder, noch schützt es vor Nässe. Für den Nachteil einer fehlenden Wärmeisolation »erwarb« der ansonsten ziemlich wehrlose Igel indessen eine wirksame Verteidigungswaffe. Diese ist beweglich und kann einem Angreifer entgegengerichtet werden. Am Ende eines jeden Stachels setzt nämlich ein kleiner Muskel an. Wird nun der Igel erschreckt oder verunsichert, spannt er zuerst diese Muskeln an und stellt dadurch seine Stacheln auf. Vor allem die Stacheln auf Stirn und Nacken werden so gespreizt, daß sie wie ein Visier über das Gesicht klappen. Gleichzeitig wird der Eindruck erweckt, als schiebe sie der Igel dem Feind drohend entgegen.

Das Einigeln hingegen wird folgendermaßen ermöglicht: Auf dem Rücken sitzt wie eine Kappe eine kräftige Schicht aus Längsmuskeln, die am Rande eingesäumt ist von einem starken Ringmuskel. Diese Muskelkappe ist mit der stacheltragenden Rückenhaut nicht nur fest verbunden, sondern überdies von den darunterliegenden Muskeln durch ein Fettgewebe getrennt, so daß sie darauf sozusagen wie geschmiert hin- und hergleiten kann.
Was geschieht nun, wenn der Igel sich ernsthaft bedroht fühlt und seine zweite Verteidigungsstrategie anwendet? Zunächst zieht je ein Längsmuskelpaar die Stachelhaut nach vorn über den Kopf und nach hinten übers Hinterteil. Dann zieht sich der Ringmuskel zusammen, was wie der Kordeldurchzug bei einem Beutel wirkt.
Während zugezogen wird – bei höchster Anspannung bis auf ein etwa fingerdickes Loch –, verschwinden Beine, Kopf und Schwanz gleichsam tief im Sack. Dabei straffen sich automatisch auch die winzigen Muskeln an den Stacheln, so daß diese nicht nur voll aufgerichtet sind, sondern noch dazu kreuz und quer nach allen Richtungen stehen. Dieser Zustand kostet den Igel nur sehr wenig Energieaufwand, so daß er stundenlang darin verharren kann, ohne zu ermüden.

Stachlig, aber nicht verwandt

Die Strategie, zur Abwehr von Freßfeinden ein Stachelkleid zu tragen, haben sich neben den Igeln auch andere Tiere zu eigen gemacht. Dennoch sind sie nicht im entferntesten mit dem Igel verwandt. So gehört das Stachelschwein, das den ganzen Rücken voller schwarz-weißer Stacheln hat, zu den Nagetieren, ebenso der Amerikanische Baumstachler. Der australische Schnabeligel hingegen ist ein Vertreter einer noch älteren Tiergruppe als die Insektenfresser, nämlich der Kloakentiere, eierlegender Säugetiere. Seeigel schließlich verbindet mit unseren Igeln nur das stachlige kugelige Äußere. Sie gehören zusammen mit Seesternen und Seewalzen zu den Stachelhäutern, die seit Urzeiten die Meere bevölkern.
Übrigens verteidigen sich nicht nur Tiere, sondern auch zahlreiche Pflanzen mit Stacheln, zum Beispiel Disteln oder Rosen.

Wieviele Stacheln hat ein Igel?
Diese Frage läßt sich nicht mit einer allgemein gültigen Zahl beantworten. Sie hängt von Größe und Alter des Igels ab. Ein Igeljunges, das gerade das Nest verläßt, hat etwa 3000, ein kleiner erwachsener Igel 5000 bis 6000, ein stattliches Tier 8000 und mehr Stacheln. Die in manchen Büchern angegebene Zahl von 16000 Stacheln dürfte hingegen selbst bei sehr großen Igeln eine Ausnahme sein – oder schlichtweg Übertreibung.
Haar- und Stachelwechsel: Der Igel wechselt seine Fellhaare nicht schubweise wie manche Säugetierarten, zum Beispiel die Katze, deren Kleid im Winter dicht, im Sommer leicht ist, sondern ähnlich wie wir Menschen: einzeln und fortlaufend. Mit den Stacheln ist es genauso. Nachdem ein Stachel 12 bis 18 Monate gewachsen ist, fällt er aus, und an seiner Stelle kommt ein neuer nach. Ein vermehrter Stachelausfall weist immer auf einen gesundheitlichen Schaden hin. Meist ist die Ursache ein Mangel an Vitaminen und Mineralstoffen in der Nahrung. Aber auch starker Milben- oder Pilzbefall kann dazu führen (→Parasiten und Krankheiten, Seite 37).

Die Sinne – wie sich der Igel orientiert

Der Igel ist ein Nachttier und verläßt nur selten bei hellem Sonnenschein sein Nest. In der Dämmerung und nachts schaut er sich in seinem Revier um, spürt seine Beute auf oder ist auf Brautwerbung. Dafür hat ihn die Natur mit Sinnesorganen ausgestattet, die es ihm ermöglichen, in der Dunkelheit gut zurechtzukommen.

Riechen – mit der Nase »sehen«
Das wichtigste Sinnesorgan ist die Nase. Bei einem gesunden Igel ist sie stets feucht und fast ununterbrochen in schnuppernder Bewegung, mal dicht am Boden, mal hoch in die Luft gestreckt. Manchmal, vor allem bei der Nahrungssuche, fängt sie regelrecht zu tropfen an.

Die Nase ist des Igels bestes Sinnesorgan. ▶

Diese »Triefnase« ist sozusagen ein Trick, denn je höher die Feuchtigkeit, desto stärker die Wahrnehmung von Gerüchen. Schließlich ist der Igel auf seine Nase angewiesen. In erster Linie sucht er mit ihrer Hilfe seine Nahrung, wittert Feinde schon auf große Entfernung und erkennt seine Jungen und andere Artgenossen an ihrem Geruch. So ist im Gehirn des Igels das sogenannte Riechzentrum, das heißt der Teil, in dem die geruchlichen Informationen wahrgenommen und verarbeitet werden, auch besonders groß. Zusätzlich zu seiner Nase hat der Igel noch ein zweites Organ, mit dem er Gerüche wahrnehmen kann. Es ist das Jacobsonsche Organ, das im übrigen viele Wirbeltiere besitzen. Besonders gut entwickelt ist es bei Schlangen und Eidechsen, aber auch bei entwicklungsgeschichtlich niedrig stehenden Säugetieren, zu denen Insektenfresser wie der Igel gehören. Dagegen fehlt es den Vögeln, Meeressäugetieren, Menschenaffen und uns Menschen.

Das Jacobsonsche Organ liegt zwischen der Rachen- und der Nasenhöhle und besteht aus einem Paar schlauchartiger Gebilde, die innen mit einer Riechschleimhaut ausgekleidet sind und über eine kleine Öffnung im Gaumendach gleich hinter den Schneidezähnen mit der Mundhöhle in Verbindung stehen. Will der Igel den Geruch eines bestimmten Gegenstands besonders genau prüfen, kaut er darauf herum. Den dabei entstandenen schaumigen Speichel, der den Duft des untersuchten Objekts angenommen hat, befördert er mit der Zunge in das Jacobsonsche Organ. Hier wird mit besonderen Sinneszellen der Geruch intensiv wahrgenommen; anschließend reinigt der Igel das Organ, indem er den Speichel wieder ausspuckt. Warum er ihn dabei häufig an die eigenen Flanken spuckt, weiß man nicht genau (→Das besondere Verhalten des Igels, Seite 38).

Hören – mit den Ohren aufspüren

Das Gehör ist der zweitwichtigste Sinn des Igels. Seine Ohren sind zwar klein, aber ungemein empfindlich, so daß sie beim Aufstöbern von Beutetieren eine wichtige Rolle spielen. Wahrscheinlich trampelt für einen Igel ein Käfer so laut daher wie für uns ein Nashorn. Doch nimmt er im Vergleich zu uns Menschen nicht nur leisere Geräusche wahr, sondern auch noch höhere Töne. Die obere Grenze der Tonhöhen, die er hören kann, liegt bei einer Frequenz von etwa 45 kHz. (Zum Vergleich: Wir können nur Töne mit Frequenzen bis etwa 20 kHz hören, Fledermäuse dagegen solche mit über 100 kHz.) Die hohen Frequenzen sind jedoch Bestandteil vieler heller, klirrender Geräusche, auf die Igel besonders schreckhaft reagieren. Tieferes Brummen, beispielsweise von Maschinen, oder ruhige menschliche Stimmen scheinen ihnen dagegen weniger auszumachen.

Sehen – für ein Nachttier nicht so wichtig

Die Augen spielen für den Igel längst nicht die Rolle wie für uns Menschen. Zum einen kann er weder so scharf, noch so weit sehen wie wir, zum andern ist er annähernd farbenblind. So stellt sich ihm die Welt vor allem in Braun- und Cremetönen dar. Schließlich sind für ein Nachttier wie den Igel Farben auch nicht besonders wichtig.

Tasten – mit Haut und Schnauze

Während viele andere Nachttiere ausgeprägte Tasthaare haben, kommt der Igel mit einigen wenigen, ziemlich kurzen Tasthaaren um die Schnauze herum aus. Das bedeutet allerdings nicht, daß er keinen Tastsinn hat. Er bohrt und wühlt eben mit der Schnauze direkt und nimmt Tasteindrücke unmittelbar mit der Haut auf.

Schmecken – auch beim Igel Geschmackssache

Über den letzten der fünf Sinne ist beim Igel nicht allzuviel bekannt. Nach unseren Geschmacksvorstellungen ist er bei der Auswahl seiner Nahrung nicht sehr wählerisch. Er frißt stark verwestes und entsprechend stinkendes Aas ebenso wie widerlich riechende Käferarten. Andererseits können Igel bei häuslicher Pflege sehr heikel werden und recht konsequent auf einer einmal auserkorenen Lieblingsnahrung bestehen.

Die Ernährung – was dem Igel alles schmeckt

Sobald sich der Igel nach dem Erwachen aus dem Tagesschlaf auf die Beine macht, ist er in seinem Jagdgebiet unterwegs auf Beutesuche. Gewöhnlich hört man höchstens sein Schnüffeln und Schnaufen sowie sein lautes Geschmatze. Denn beobachten kann man einen Igel bei seinen Mahlzeiten in der Dunkelheit nur sehr schlecht. Biologen machen sich deswegen über die »Hinterlassenschaften« eines Igels her und können aus dem Puzzle unzähliger größerer und kleinerer Insektenteilchen herauslesen, welche und wieviele Kerbtiere der Igel frißt.

Welche Nährstoffe der Igel braucht

Wie alle Tiere verbraucht der Igel Energie, um seinen »Motor« in Gang zu halten. Bewegung und Wachstum, Blutkreislauf, Atmung, Verdauung, Aufrechterhaltung einer bestimmten Körpertemperatur sowie alle anderen Vorgänge im Körper laufen nicht ohne Energieaufwand ab. Diese Energie stammt aus den Nährstoffen, die der Igel mit seiner Nahrung aufnimmt. Als Insektenfresser nimmt er einen hohen Anteil an Eiweißen und Fetten zu sich, weniger Kohlenhydrate, dazu Vitamine und Mineralstoffe.

Eiweiß: Es besteht hauptsächlich aus tierischem Eiweiß. Pflanzenkost, die ohnehin kaum Eiweiß enthält, nehmen Igel nur in geringer Menge und vor allem indirekt auf, anhaftend an Schnecken und Würmern und im Darm von Beutetieren. Die Eiweißstoffe werden im Stoffwechsel des Igels in ihre Einzelbausteine zerlegt, aus denen dann überwiegend neues, körpereigenes Eiweiß aufgebaut wird. Dadurch kann der Igel zum Beispiel mehr Muskeln

Bei Witterung einer delikaten Beute tropft die Igelnase zuweilen wie ein Wasserhahn.

bilden, verwundetes Gewebe regenerieren oder ganz einfach wachsen.

Fett: Das Fett in seiner Nahrung setzt der Igel vorwiegend in »Betriebsenergie« um, etwa um die Muskeln zu bewegen oder die Körpertemperatur konstant hoch zu halten. Ist Nahrung im Überfluß vorhanden, kann der Körper jede Art von Nährstoffen in Fett umwandeln und in dieser Form speichern. Umgekehrt wird gespeichertes Fett als Bau- und Betriebsstoff für jede notwendige Körperfunktion herangezogen, solange keine oder zu wenig Nahrung verfügbar ist. Aus seinen Fettpolstern bezieht der Igel die Energie, die ihn in Notzeiten, vor allem aber während des Winterschlafs am Leben erhält und im Frühling zum Aufwachen anheizt (→Das Phänomen Winterschlaf, Seite 40).

Kohlenhydrate: Der Igel bezieht sie fast ausschließlich aus dem geringen Anteil pflanzlicher Nahrung, den er zu sich nimmt. Den speziellen Bedürfnissen seines Körpers genügt dies. Chitin, die Bausubstanz der Insektenpanzer, gehört zwar zu den Kohlenhydraten und ist in seinem chemischen Aufbau der Stärke ähnlich, kann aber vom Igelkörper nicht verdaut werden. Es wirkt jedoch in seinem Darm als Ballaststoff.

Vitamine und Mineralstoffe: Sie sorgen dafür, daß sämtliche Körperfunktionen ordnungsgemäß ablaufen, können jedoch vom Organismus nicht selbst gebildet werden. Infolgedessen muß sie der Igel mit der Nahrung aufnehmen. In welcher Menge weiß man allerdings bei den meisten Wildtierarten kaum, da man nicht einfach von einem Tier auf ein anderes schließen kann. Die verschiedenen Tierarten unterscheiden sich darin nämlich ganz beträchtlich voneinander. Vom Vitamin C weiß man zum Beispiel, daß es nur vom Menschen, Affen, Murmeltier und Meerschweinchen benötigt wird, während der Igel und mit ihm alle anderen Tiere diese Substanz in ihrem Stoffwechsel selbst herstellen können.

Was der Igel frißt

Obwohl der Igel – wissenschaftlich gesehen – zur Gruppe der Insektenfresser gehört, ernährt

Nur wenn es besonders heiß und trocken ist, geht der Igel an den Bach trinken. Gewöhnlich löscht er seinen Durst am Tau.

er sich durchaus nicht nur von Kerbtieren. Man kann ohne Übertreibung sagen, daß er an tierischer Kost praktisch alles frißt, was er findet oder überwältigen kann. Selbst Aas verschmäht er nicht. Auf Pflanzen hingegen ist er nicht so scharf. Er verschluckt Grashalme und Blätter, wenn sie an Würmern oder Schnecken hangenbleiben, und läßt sich im Spätsommer gelegentlich auch Obst schmecken. Das mag er am liebsten überreif. Im übrigen lassen sich Lieblingsspeisen nicht so genau bestimmen, denn was der Igel frißt, hängt in erster Linie vom Vorkommen möglicher Beutetiere in seinem Wohnrevier und von der Jahreszeit ab.

Regenwürmer: Vorg allem im Frühjahr, wenn das Angebot von Kerbtieren noch klein ist und er nicht wählerisch sein kann, verzehrt er sie in großen Mengen.

Schnecken: Sieg sind stets ein beliebtes Futter, weil sie so einfach zu erbeuten sind. Neben Nacktschnecken verzehrt der Igel kleinere Gehäuseschnekken, deren Schale er knackend zermalmt und zum Teil mit verschlingt. An den harten Schalen der großen Weinbergschnecken allerdings scheitern die kleinen Igelzähnchen. Nach einer Schneckenmahlzeit wischt sich der Igel mit den Vorderbeinen den klebrigen Schleim von der Nase oder reibt seine Schnauze so lange im Gras, bis sie wieder sauber ist. Allerdings sollte man von ihm nun nicht erwarten, daß er nur noch Schnecken frißt, nur weil sie gerade das Salatbeet überfallen haben. Das wäre zuviel verlangt. Schließlich liebt auch ein Igel die Abwechslung.

Insekten und andere Gliederfüßer: Nachtfalter und vor allem deren Raupen vertilgt er oft in enormen Mengen. Im April/Mai machen Raupen des Ordensbandes und verwandter Eulenfalter etwa ein Viertel seiner Nahrung aus. Eine Tatsache, die vor allem die Gärtner freut, denn einige Eulenfalterraupen sind große Schädlinge im Frühbeet. Ein einziger Igel kann pro Nacht dreißig davon vertilgen. Schnellkäfer und deren Larven, im Volksmund »Drahtwürmer« genannt, gehören zu Igels Leibspeisen. Drahtwürmer sind gefürchtete Kartoffelschädlinge. Den bei Gärtnern beliebten, da nützlichen Marienkäfer lassen Igel gemeinhin in Ruhe. Marienkäfer sondern eine Abwehrsubstanz ab, deren beißender Geschmack Igel abstößt. Sonderbarerweise werden Tausendfüßer dagegen gerne gefressen, obwohl auch diese eine bittere chemische Abwehrsubstanz produzieren. Spinnen oder Heuschrecken erwischt der Igel nur selten. Beide sind zu flink, um eine leichte Beute abzugeben.

Amphibien und Kriechtiere: Frösche entwischen dem Igel im allgemeinen. Lediglich Kröten frißt er manchmal, sofern er sie überwältigen konnte, und das trotz der giftigen Sekrete ihrer Ohrdrüsen. Auch Eidechsen und Schlangen sind eine seltene Kost. Soweit es sie bei uns überhaupt noch gibt, ziehen sie sich in unseren gemäßigten Breiten nachts, wenn der Igel unterwegs ist, in Unterschlupfe zurück.

Vögel und Säugetiere: Eier und Nestlinge bodenbrütender Vögel läßt sich ein Igel nicht entgehen, wenn er sie findet. Manch einem gelingt es sogar, mit Hilfe von Zähnen und Krallen Hühnereier zu knacken, die vergleichsweise groß und hartschalig sind. Mäusenestlinge frißt ein Igel auch, aber nur, wenn er auf sie stößt, denn daß er Mäusenester aus der Erde ausgräbt, wurde zwar wiederholt geschrieben, aber wohl

Regenwürmer sind eine leichte Beute, ein Hühnerei kann nur ein Spezialist öffnen.

noch nie wirklich beobachtet. Ebenso wird immer wieder behauptet, der Igel sei ein guter Mäusefänger. Eine gesunde Maus wird er aber nicht erwischen. Dazu ist er einfach nicht schnell genug. Findet er dagegen eine tote Maus, frißt er sie gern. Ein hungriger Igel nimmt auch eine tote Spitzmaus, die aufgrund eines übelriechenden Hautdrüsensekrets von anderen Fleischfressern wie Fuchs oder Katze verschmäht wird.

Wie der Igel verdaut

Der Igel hat im Verhältnis zu seiner Größe einen voluminösen Magen. Das hat die Natur sehr sinnvoll eingerichtet, denn der Igel muß »tüchtig zulangen« können, wenn ihm Nahrung zur Verfügung steht. Schließlich gibt es oft genug Schlechtwetterperioden, in denen keine Insekten unterwegs sind und der Igel hungert. Mit seinem großen Magen kann er in günstigen Phasen die mageren Zeiten ausgleichen und sich »den Ranzen vollschlagen«.

Der Igelmagen produziert sehr starke Verdauungssäfte. Sie müssen auch grobe Nahrungsbrocken aufschließen, denn zum einen schlingt der Igel ziemlich, zum andern können seine Zähne das Futter ja nur zerdrücken (→Seite 26).

Vom Magen aus gelangt der Nahrungsbrei in den Darm, wo die Verdauung vollendet wird. Durch die Darmwand hindurch werden die in der Nahrung enthaltenen Nährstoffe, Eiweiß, Fette und Kohlenhydrate entzogen und im Körper umgesetzt (→Welche Nährstoffe der Igel braucht, Seite 31). Was von der Nahrung im Darm übrigbleibt, wird als festes, dunkelbraunes bis schwarzes Kotwürstchen abgesetzt.

Zweifelhafte Methoden der Forschung

Um Zweikämpfe zwischen Igel und Kreuzotter beobachten und studieren zu können, hat man sie früher auf recht grausame Art provoziert. So wird im bekannten Brehms Tierleben beschrieben, wie man zum Zwecke solcher Schaukämpfe Igel und Giftschlange kurzerhand zusammen in eine kleine Kiste setzte. Die armen Tiere konnten sich gar nicht aus dem Weg gehen, geschweige denn flüchten, selbst wenn sie gewollt hätten – eine Situation, die in der Natur nicht vorkommt. Falls sie nicht gleich aufeinander losgingen, ließ man sie so lange hungern, bis sie es schließlich doch taten. Resultat dieser zweifelhaften Verhaltensforschung: Fast jedesmal blieb der Igel Sieger und fraß letztendlich die Schlange auf – mitsamt Giftzähnen und Giftdrüsen.

Der Igel – ein giftfester Geselle?

Der Igel erlegt gern eine Kreuzotter, aus dem einfachen Grund, weil sie ihm schmeckt. Allerdings trifft er nur mehr selten auf eine, da es hierzulande kaum noch Kreuzottern gibt. Zudem halten sie sich nachts, wenn der Igel unterwegs ist, in ihren Schlupfwinkeln auf. Hat er dennoch einmal eine Schlange ausfindig gemacht, schleicht er sich langsam und vorsichtig an sie heran. (Bemerkt sie ihn nämlich zu früh, wird sie sich so schnell aus dem Staube machen, daß der Igel nur mehr das Nachsehen hat.) Plötzlich schießt er vor, die Kopfstacheln gesträubt, und schlägt seine Zähne in ihren Körper. Die Schlange reißt ihren Rachen auf und stößt mit nach vorn gestellten Giftzähnen zu. Doch sie trifft nicht, denn die Stacheln des Igels sind länger als ihre Giftzähne. Wenn sie aber dem Igel ihr Gift in Schulter, Schnauze oder Beine einspritzen kann, wird die Bißstelle mindestens dick anschwellen. Schlimmstenfalls muß der Gebissene daran sterben.

Nicht völlig immun

Der Volksglaube, Igel seien gegen Schlangengift völlig immun und können daher auf Giftschlangen losgehen, ohne sich in Gefahr zu bringen, stimmt also nicht ganz. Sie vertragen davon allerdings eine erheblich höhere Dosis als andere Tiere oder wir Menschen.

Auch gegen mancherlei andere Gifte ist der Igel außergewöhnlich widerstandsfähig. Er frißt Bienen und Wespen, ohne sich durch deren Stiche irritieren zu lassen, sowie die zu den Ölkäfern gehörenden Spanischen Fliegen, obwohl sie das starke Gift Kantharidin enthalten. Erst 0,1 g davon sind für einen Igel tödlich, eine Menge, mit der man 25 Menschen um-

bringen könnte. Vom Wundstarrkrampfgift gar verträgt er eine 7000 mal höhere Dosis als der Mensch.

Hilflos gegen Umweltgifte

So erfolgreich sich über die Jahrtausende der Organismus des Igels in der freien Natur bewährt hat, so hilflos ist er Chemikalien gegenüber, die der Mensch künstlich herstellt. Tonnenweise werden heute Schädlingsbekämpfungsmittel in die Flur gestreut oder gesprüht. Und da sich der Igel von eben jenen »Schädlingen« wie Insekten oder Schnecken ernährt, treffen ihn die Gifte besonders hart. Völlig harmlos für den Igel ist keines davon, selbst wenn es sich um Präparate handelt, in denen ein chemischer Wirkstoff nur in geringen Dosen vorkommt. Mit jedem Beutetier reichert sich mehr davon in seinem Körper an, und es ist anzunehmen, daß der Igel auf die Dauer geschädigt wird (→Zerstörung des Lebensraums, Seite 37).

Gefahren – wer oder was den Igel bedroht

Viele Feinde hat der Igel nicht. Er braucht ja nur die von ihm einmalig beherrschte Taktik der Rundumverteidigung anzuwenden und sich einfach zu einer Kugel zusammenzurollen. Gegen diese Bastion aus nadelspitzen Pfeilen können nur wenig Angreifer etwas ausrichten. Es sind ganz andere Dinge, die den Igel bedrohen – die Härte der natürlichen Lebensbedingungen sowie die Eingriffe des Menschen in seinen Lebensraum.

Natürliche Feinde

Als einziger im Wald wird der Dachs mit seinen langen, kräftigen Krallen und der derben Schwarte, die ihn recht unempfindlich gegen Piekser macht, mit einem ausgewachsenen Igel fertig. Füchse, Iltisse, Steinmarder, Wildschweine und auch Hunde erbeuten gelegentlich junge Igel oder kranke erwachsene. Berichte, daß Füchse so schlau seien und Igel anpinkeln oder ins Wasser rollen, um sie totzubeißen, sobald sie sich daraufhin aufgerollt haben, gehören in die Kategorie Jägerlatein. Allerdings sind Einzelfälle von Hunden verbürgt, die es gelernt haben, einen eingerollten Igel zu »knacken«, indem sie ihn mit den Pfoten aufrollen.

Die wirklich gefährlichen Feinde kommen aus der Luft. Sowohl Uhu wie auch Habicht zählen den Igel zu ihren Beutetieren. Sie schlagen die Krallen ihrer mit dicken Hornplatten gepanzerten Füße in den Stachelfrack und höhlen ihn mit dem Schnabel von der ungeschützten Bauchseite her regelrecht aus. Allerdings können die Uhus in Mitteleuropa nicht mehr viel zur Dezimierung der Igelbestände beitragen, da sie selbst auf der Roten Liste der vom Aussterben bedrohten Tierarten stehen.

Schlechtes Wetter

Es ist der schlimmste Feind des Igels. Während anhaltender Regenperioden im Sommer erfrieren viele nestjunge Igel oder ertrinken bei einer Überschwemmung des Nests. Die meisten werden durch mangelnde Ernährung (ihre Mutter findet weniger Insektennahrung und gibt folglich weniger Milch) oder durch Infektionen in ihrer Widerstandskraft geschwächt und haben nur noch

Beim Flehmen zieht der Igel Gerüche auch über das geöffnete Mäulchen ein.

geringe Chancen, in der freien Natur zu überleben.

Die strengste Auslese ist die Zeit des Winterschlafs (→Seite 40). Hält die Winterkälte nur ein wenig länger an als die Fettreserven ausreichen, verhungert der Igel buchstäblich im Schlaf. Verhängnisvoll wirkt sich auch ein erneuter Kälteeinbruch im Frühjahr aus, nachdem der Igel bereits aus dem Winterschlaf erwacht ist. Schon ein bis zwei Wochen können für ihn fatal sein, vor allem, wenn er extrem abgemagert ist. Zum einen ziehen sich Insekten und Kleintiere wieder in den Boden oder in Schlupfwinkel zurück oder sind gar gefroren und ungenießbar. Zum andern ist der Igel bei Temperaturen unter 6 bis 8 °C nicht mehr in der Lage, Futter zu suchen und aufzunehmen.

Gegen den heranrasenden Goliath Auto ist der Igel chancenlos.

Feind Auto

Alljährlich werden Abertausende von Igeln auf unseren Straßen überfahren. Zwischen 100.000 und 250.000 Igel finden jedes Jahr nur auf den Straßen der Bundesrepublik den Tod. In den europäischen Nachbarländern sieht es nicht viel anders aus. Weltweit liegen die Schätzungen bei über 2 Millionen Igeln, die pro Jahr überfahren werden. Allerdings können die Igel selbst derartig hohe Verluste durch ihre zahlreiche Nachkommenschaft ausgleichen. In den Siedlungsräumen, auch in solchen mit vielen Straßen, gehen die Igelbestände nachweislich nicht zurück.

Zerstörung des Lebensraums

Dem Igel am meisten zu schaffen macht unsere moderne Kulturlandschaft. Auf den einheitlichen Forst- und Landwirtschaftsflächen, wie sie leider in Mitteleuropa vorherrschen, findet er keine geeigneten Lebensbedingungen mehr. In dörflichen Siedlungen und Vorstadtvierteln hingegen gefällt es ihm schon besser. Er wurde zum »Kulturfolger«, denn in den kleinräumigen Gärten mit Hekken, Gebüschen und Blumenbeeten gibt es alles, was sein Herz oder vielmehr sein Magen begehrt. Allerdings ist hier das Nahrungsangebot oftmals verseucht mit einer Unzahl von Unkraut- und Schädlingsbekämpfungsmitteln, Kunstdünger und Schneckenkorn. Das giftige Zeug nehmen die Igel direkt oder indirekt zusammen mit ihren Beutetieren auf.

Es gibt bisher nur sehr wenige

wissenschaftliche Untersuchungen darüber, welche unmittelbaren oder langfristigen Auswirkungen solche Umweltgifte auf den Igel haben. Sicher ist, daß vor allem Pestizide mit Chlorverbindungen wie zum Beispiel DDT, Aldrin, Dieldrin oder Lindan so gut wie nicht wieder ausgeschieden werden, sondern sich im Körperfett ansammeln, das dann im Winterschlaf aufgebraucht wird. Überdies wirken solche Chlorverbindungen als starke Nervengifte. Schwer vorstellbar, daß die damit chronisch vergifteten Igel keine schlimmen gesundheitlichen Schäden davontragen sollten. Und eine angegriffene Gesundheit verringert bei einem Wildtier immer die Überlebenschancen.

Parasiten und Krankheiten – ein leidiges Kapitel

Der Igel ist ein beliebter »Wirt«. Eine ganze Reihe kleiner und kleinster Tiere ist darauf spezialisiert, von seinem Blut oder Darminhalt zu zehren. Solche Parasiten (griech. *parasitos* = Tischgenosse, Schmarotzer) schaden nicht allzusehr, solange sich ihre Zahl in Grenzen hält und der Igel ansonsten gesund und kräftig ist. Einem kränkelnden und geschwächten Igel können sie indessen durchaus den – tödlichen – Rest geben.

Äußere Parasiten

Der Igelfloh *(Archaeopsylla erinacei)*: Dieser Floh lebt ausschließlich auf Igeln, und jeder Igel ist von ihm befallen. Wohl kann er einmal auf ein anderes Tier, einen Hund, eine Katze, oder auch auf einen Menschen springen, aber nur aus Versehen. Und wenn er hungrig ist, wird er den »Falschen« zwar auch beißen, ihn bald aber freiwillig wieder verlassen. Ihren schlechten Ruf als Überträger von Flöhen auf Haustiere haben Igel also zu Unrecht. (Vereinzelt tragen Igel allerdings auch Hunde- oder Katzenflöhe mit sich herum. Diese nützen natürlich gern jede Gelegenheit, wieder auf ihren Vorzugswirt »umzusteigen«.)
Im Durchschnitt leben auf einem Igel an die hundert Flöhe und saugen sein Blut. Das scheint ihn nicht weiter zu stören. Seine Rückenhaut ist ziemlich unempfindlich, so daß er die Bisse seiner »Passagiere« wahrscheinlich gar nicht spürt. Ein Massenbefall kann jedoch zu hohem Blutverlust und dadurch zu einer Anämie führen.
Zecken: Diese Blutsauger haben eine ausgesprochene Vorliebe für die langsam durchs Gebüsch streifenden Igel. Sie setzen sich besonders gern hinter den Ohren, am Bauch und an der Schwanzbasis fest.
Milben: Der Igel wird von einer ganzen Reihe verschiedener Milbenarten heimgesucht. Die häufigste und zugleich die größte (man kann sie mit bloßem Auge herumkrabbeln sehen) ist die Igelkrätzmilbe *(Carparinia tripilis)*. Etwa jeder zehnte Igel ist von ihr befallen. Die durch sie verursachte Krätze oder Räude beginnt meist im Gesicht oder am Kopf und kann sich sehr schnell über den ganzen Körper ausbreiten. An den befallenen Stellen sieht die Haut des Igels ledern und borkig aus. Die Milben graben tunnelartige Fraßgänge durch die oberen Hautschichten und bringen dadurch Haare und Stacheln zum Ausfallen. Die feinen Hautwunden infizieren sich leicht, und nicht selten stirbt der Igel daran. Dringen Milben in die Ohren und Gehörgänge ein, kommt es nicht nur zu Entzündungen, der Igel kann auch

Igeltod in Zahlen

In einer vom World Wildlife Fund 1981 finanzierten Untersuchung über Igel in der Schweiz kam heraus, daß insgesamt rund 14% der Jungigel und nur 4% der erwachsenen Igel von natürlichen Feinden gefressen wurden. 20% der Jungigel sterben schon in den ersten vier Lebenswochen, also noch bevor sie selbständig werden, und rund Dreiviertel aller Igel erleben ihren ersten Geburtstag nicht.
Bisherige Untersuchungen an freilebenden Igeln ergaben ein Höchstalter von 7 Jahren, die durchschnittliche Lebenserwartung liegt dagegen bei nur 2 Jahren. 60 bis 80% der Jungigel gehen im Laufe ihres ersten Winters zugrunde. Auch von den erwachsenen Igeln überleben 20 bis 45% die kalte Jahreszeit nicht, unabhängig von der Strenge des Winters.

taub werden und seinen Gleichgewichts- und Orientierungssinn verlieren.
Schmeißfliegen: Vor allem geschwächte oder verletzte Igel leiden unter ihnen, da sie ihre Eier an die Ränder von Wunden und an feuchte Körperstellen wie Augen, Nase, Mund oder After legen. Die daraus ausschlüpfenden Maden können den Igel buchstäblich bei lebendigem Leib auffressen.

Parasiten des Igels: Igelfloh (l. o.), Lungenwurmlarven (r. o.), Lungenhaarwurmeier (l. u.), Zecke (r. u.).

Innere Parasiten

Nematoden oder Fadenwürmer: Praktisch jeder Igel trägt sie in seiner Lunge, der Speiseröhre oder dem Magen-Darmtrakt. Neuere Untersuchungen ergaben, daß Igelkinder wahrscheinlich schon mit solchen Würmern auf die Welt kommen, also noch im Mutterleib damit infiziert werden. Besonders häufig und gefährlich sind der Igellungenwurm *(Crenosoma striatum)* sowie der Lungenhaarwurm (verschiedene *Capillaria*-Arten). Sie rufen einen trockenen Husten hervor, bisweilen auch ein rasselndes Atemgeräusch, können Bronchitis oder gar Lungenentzündung verursachen und zum Tod des Igels führen.
Igelbandwurm *(Hymenolepis erinacei)*: Neben Fadenwürmern sind auch Bandwürmer für chronischen, oft blutigen Durchfall verantwortlich, lassen bei schlechtem Allgemeinzustand den Igel abmagern und führen bei starkem Befall meist zum Tod.
Coccidien: Diese mikroskopisch kleinen Einzeller siedeln nicht selten im Igeldarm. Bei Massenbefall leidet das Tier an blutigem Durchfall. Manchmal kann es zu Lähmungen kommen.

Bakterien-Erkrankungen

Auch an verschiedenen bakteriellen Infektionen können Igel erkranken. Mit den beiden folgenden Krankheitserregern sind übrigens auch Menschen infizierbar (→Seite 90).
Salmonellen: Sie rufen Durchfall, Appetitlosigkeit und schließlich Apathie hervor.
Leptospirose-Bakterien: Diese Bakterien, die meist von Ratten übertragen werden, verursachen eine Art Gelbsucht.
Lepra-Bazillus: Durch ihn sind nur Igel in warmen Ländern wie im südlichen und südöstlichen Asien, zum Beispiel Hinterindien, gefährdet. In Mitteleuropa wurde der Bazillus von unserer Medizin erfolgreich bekämpft und ausgerottet.

Das besondere Verhalten des Igels

Das Verhalten des Igels ist – wie sollte es anders sein – den Erfordernissen und Gegebenheiten seiner speziellen Lebensweise angepaßt. Als Einzelgänger geht er außer in der Paarungszeit (→Seite 56) auf jeden anderen Igel, der ihm zu nahe kommt, mit vorgeschobenen Stacheln los. Freßfeinden gegenüber verteidigt er sich mit Hilfe seiner Stacheln passiv. Zusätzlich vermeidet er solche Begegnungen, indem er nur abends und nachts unterwegs ist. Tagsüber, wo er zum Beispiel von Greifvögeln leicht entdeckt werden könnte (außer vom Uhu), verbirgt er sich in einem gut geschützten Nest. Auch den Winter, in dem es für ihn als Insektenfresser in unseren Breiten keine Nahrung gibt, verbringt er tief schlafend in einem warm gepolsterten Laubnest, das ihn gut gegen die Kälte isoliert. Das Phänomen Winterschlaf ist in einem eigenen Kapitel beschrieben (→Seite 40). In diesen und anderen Verhaltensweisen steht der Igel in der Natur keineswegs allein da. Doch kann man bei ihm einige Ungewöhnlichkeiten beobachten, die von anderen Tieren nicht bekannt sind.

Selbstbespeicheln

Ein Igel, der mit Schaum vorm Mund wild zuckende Bewegungen vollführt, ist weder tollwütig, noch hat er womöglich Waschpulver gefressen, falls er Ihr Hausgast sein sollte. Er frönt nur einer alten Igelleidenschaft, dem Selbstbespeicheln. Warum dies Igel tun, weiß man bis heute nicht genau. Sicher ist nur, daß es sich nicht um eine Krankheit handelt, zum Beispiel um Tollwut.

Mitten in seiner normalen Tätigkeit kann ein Igel innehalten und minutenlang völlig selbstvergessen auf irgendeinem Gegenstand herumkauen. Häufig hat dieser einen intensiven Geruch oder Geschmack wie zum Beispiel Zigarettenkippen, Leder, Seife, Gummi, hin und wieder auch Aas. Laut schmatzend produziert der Igel dabei große Mengen schaumigen Speichels, den er sich dann mit der Zunge auf den Rücken und an die Flanken schleudert. Manchen Igeln genügt auch nur eine Geruchswolke, etwa Auspuffgase, Lackgeruch oder Zigarettenrauch, um mit dem »Schaumschlagen« zu beginnen. Dieses angeborene Verhaltensmuster – Igelbabys beginnen damit bereits im zarten Alter von 14 Tagen – hat man nur noch beim Igeltanrek, dem entfernten Verwandten des Igels aus Madagaskar (→ Seite 45), und beim afrikanischen Weißbauchigel (→Seite 46) beobachtet.

Es gibt verschiedene Deutungen dafür. Einige schreiben, der Igel wolle mit dem Geruchssignal Geschlechtspartner anlocken oder anderen Igeln seinen Gebietsanspruch zeigen. Doch kein Tier markiert sein Revier mit fremden Gerüchen. Und warum sollten es Igelbabys im Nest tun? Andere Wissenschaftler vermuten, der Igel reinige auf diese Weise sein spezielles Geruchsorgan, das Jacobsonsche Organ (→ Seite 30), mit dem er zuvor den Duft ausgiebig geprüft hat. Doch auch diese Deutung erscheint mir nicht besonders einleuchtend. Warum sollte der Igel den Speichel so umständlich in seine Stacheln praktizieren, statt ihn einfach am Gras abzuwischen? Und weshalb kaut der Igel häufig denselben Gegenstand zwanzigmal und öfter wieder durch, kaum daß er allen Speichelschaum aus dem Maul entfernt hat?

Unbefriedigend ist auch die Erklärung, der Igel wolle mit stinkenden oder giftigen Substanzen seine Außenparasiten bekämpfen. Soweit man weiß, macht den Flöhen und Zecken der Speichelschaum nichts aus. Am plausibelsten erscheint mir, daß der Igel durch fremde Düfte seinen Eigengeruch zu überdecken und sich seiner Umgebung anzupassen versucht. Eine solche Geruchstarnung ergibt einen zusätzlichen Schutz vor denjenigen Feinden, die ihre Beute hauptsächlich mit der Nase suchen wie zum Beispiel Füchse und Marder.

Beim Kratzen entwickelt der Igel eine erstaunliche Gelenkigkeit und langt sogar bis zum Rücken hinauf.

Im-Kreis-Rennen

Noch rätselhafter ist, daß ein Igel manchmal eine Stunde und länger im Kreis herumläuft und zwar auf einer Kreisbahn von etwa 10 bis 15 Metern Durchmesser. Wohlgemerkt, er trippelt nicht, sondern er rennt! Diese Eigenart ist nicht zu verwechseln mit dem soge-

nannten »Igelkarussell«, der geräuschvollen Gepflogenheit von Männchen und Weibchen, vor der Paarung umeinander herumzulaufen (→Seite 57). Manche Autoren halten diese Angewohnheit für ein Zeichen von allgemeiner Frustration des Igels, vergleichbar mit dem ewig hin und her laufenden Tiger im Zookäfig. Aber dann müßte sie bei »gefangenen« Igeln häufiger zu beobachten sein als bei freien. Es ist aber genau umgekehrt!
In der Fachwelt wurde das Im-Kreis-Rennen erstmals in den 60er Jahren beschrieben. Haben es alle früheren Autoren übersehen? Oder haben die Igel erst jetzt damit angefangen? Wird es womöglich durch eine Infektion des Gleichgewichtsorgans hervorgerufen? Fragen über Fragen! Sie zeigen, wieviele Rätsel selbst ein so bekanntes und populäres Tier wie unser heimischer Igel den Fachleuten noch aufgibt.

Aus trockenem Gras und Laub baut sich der Igel sein Winternest.

Das Phänomen Winterschlaf

Auf den ersten Blick scheinen Igel im Winter von der Natur benachteiligt zu sein. Weder haben sie einen wärmenden Pelz, noch finden sie als Insektenfresser genügend Nahrung. Und wie die Zugvögel in wärmere Länder ziehen können sie auch nicht. Doch stellt sich heraus, daß ihre Art zu überwintern die weitaus erholsamere und energiesparendere ist. Auch andere Säugetiere, zum Beispiel das Murmeltier, der Feldhamster, der Siebenschläfer oder die Fledermäuse wenden sie an, um die kalten und nahrungsarmen Wintermonate zu überbrücken. Unter den Insektenfressern ist der Igel jedoch der einzige, der einen Winterschlaf hält.

Schlafplatzsuche und Nestbau

Sobald der Igel bei zunehmender Kälte mehr Energie verliert, als er über die Nahrung aufnehmen kann, sagen ihm seine Instinkte, daß er sich auf den Winterschlaf vorbereiten muß. Das bedeutet, sich einen geeigneten Schlafplatz auszuwählen und ein warmes Nest zu bauen. In der freien Natur sucht sich der Igel meist einen Platz unter einer Hecke, in dichtem Dornengestrüpp, unter einem alten Baumstumpf oder sogar in einem verlassenen Kaninchenbau. Im Garten kann er in einem Laubhaufen sein, unter einem Gartenhäuschen oder im Kompost, auf dem Land oft auch im Innern von Scheunen oder Ställen.
Hauptmaterial für den Nestbau ist das reichlich vorhandene Laub. Der Igel sammelt es in seinem Maul, rupft zusätzlich noch Gras und Moos aus und bringt alles zum ausgewählten Platz. Um aus dem Haufen Baumaterial ein brauchbares Winterquartier zu machen, wühlt sich der Igel mitten hinein und dreht sich so lange um die eigene Achse, bis ein kugeliger Innenraum mit glatten Wänden entstanden ist. Durch das Herumtrampeln werden die Blätter fest zusammengedrückt und mit den Stacheln wie mit einer Bürste bearbeitet. Weil der Igel sich dabei immer in derselben Richtung dreht, liegen die Blätter am Ende schuppenartig übereinander. So lassen sie den Wind nicht hindurch und isolieren ausgezeichnet gegen die Winterkälte.
Etwa ein bis zwei Nächte dauert es, bis das Nest fertig ist, ein meisterlich gefertigter Zweckbau, der von außen allerdings

recht unordentlich wirkt. Sein Durchmesser kann bis zu 50 cm betragen, die innere Höhlung dagegen hat gerade Igelgröße. Die Isolationswirkung ist so gut, daß die Temperatur im Nestinnern durchschnittlich zwischen 1 und 5 °C beträgt, selbst wenn die Außentemperatur auf −10 °C fällt.

Wann beginnt der Winterschlaf?
Je nach den aktuellen Wetterverhältnissen fällt die Mehrzahl der Igel bei uns im Laufe des Novembers in den Winterschlaf. Dabei spielt das Körpergewicht und somit die Dicke der bis dahin angefressenen Fettpolster eine entscheidende Rolle. Wohlgenährte erwachsene Igel ziehen sich eher ins Winterquartier zurück als Jungigel oder krankheitsbedingt untergewichtige Tiere. Diese wissen instinktiv, daß sie bis zum letztmöglichen Zeitpunkt jede Chance nützen müssen, um sich noch einige zusätzliche Gramm Fett anzufressen. Schließlich hängt ihr Überleben allein davon ab, daß ihre Fettpolster bis zum nächsten Frühjahr ausreichen.
Was den Winterschlaf beim Igel letztendlich auslöst, weiß man nicht genau. Offensichtlich hat es auch mit der Umgebungstemperatur zu tun, nicht aber mit einer »inneren Uhr«, wie lange angenommen wurde. Sonst müßten die Igel ja pünktlich, so wie die Zugvögel ihren Zug beginnen, in jedem Jahr zum gleichen Datum in den Winterschlaf fallen, egal wie warm oder kalt es ist. Tatsächlich aber wartet ein Igel

Ein Igel, der durch den Schnee irrt, wurde in seinem Winterschlaf gestört.

seine persönliche »kritische« Temperatur ab. Bei den meisten ist diese erreicht, wenn es draußen über längere Zeit nicht mehr als etwa 8 bis 10 °C im Tagesmittel hat. In einzelnen frostig kalten Nächten schränken Igel ihre Aktivitäten vorübergehend ein und bleiben auch nachts in ihren Tagesnestern. Kommen nach kurzer Kälte noch einmal etwas wärmere Tage beziehungsweise Nächte, in denen wieder Schnecken und andere Bodentiere unterwegs sind, ist auch der Igel aktiv.
Erst bei länger anhaltender Kälte wird es ernst mit dem Winterschlaf. Vorausgesetzt, die Hormone des Igels lassen es zu. Neben dem Körpergewicht und der Außentemperatur ist nämlich der Hormonzustand ausschlaggebend, ob der Igel die nötige innere Bereitschaft für den Winterschlaf aufbringt. Vor allem das in seinen Nebennieren produzierte Hormon Insulin spielt dabei eine wichtige Rolle. Der Igel fastet dann ein bis zwei Tage, um seinen Verdauungstrakt zu leeren. Dann zieht er sich in sein Winternest zurück, rollt sich zu einer Kugel zusammen und schläft ein.

Betrieb auf Sparflamme

Bei einem winterschlafenden Igel sinkt die Körpertemperatur von normalerweise 35 °C auf unter 10 °C ab, an der Hautoberfläche sogar bis zu 1,3 bis 1,5 °C. Gerät sie bei extremen Außentemperaturen in Gefahr, unter den Gefrierpunkt zu fallen, wird der Igel durch eine »Alarmglocke» in seinem Gehirn geweckt, sonst würde er nämlich erfrieren. Wie dieser Alarmmechanismus allerdings funktioniert, darüber haben die Wissenschaftler noch keine genaue Vorstellung.
Als Folge der abgesenkten Körpertemperatur laufen alle Lebensvorgänge stark verlangsamt ab. Das Herz klopft statt normal 180 mal nur mehr 20 mal und noch weniger pro Minute, manchmal setzt es sogar für ein bis zwei Minuten ganz aus. Die Atmung verlangsamt sich von 30 bis 50 auf 1 bis 10 Atemzüge pro Minute. Manchmal verstreichen sogar einige Minuten zwischen zwei Atemzügen. Informationen zwischen Muskeln und Gehirn laufen nur noch träge auf den Nervenbahnen hin und her, etwa wie sich bei einem zu langsam abgespielten Tonband die Worte nur mehr mühsam formen. Auch die Verdauungsvorgänge sind verlangsamt, selbst die Gerinnungsfähigkeit des Bluts ist herabgesetzt.
Beinahe möchte man glauben, der Igel sei tot. Daß dem aber nicht so ist, merkt man rasch. Wenn Sie nämlich versuchen wollten, die Stachelkugel aufzurollen, wird Ihnen das selbst mit großer Anstrengung nicht gelingen. Im Gegenteil, bei Berührung oder einem besonders lauten Geräusch setzt ein unwillkürlicher Reflex ein: der Igel

Um die kalte und nahrungsarme Jahreszeit zu überbrücken, halten Igel Winterschlaf.

zieht sich noch fester zusammen, und die Stacheln richten sich noch steiler auf.

Brennstoff Fett

Auch wenn der Energieverbrauch insgesamt auf etwa 1/50 des normalen Werts abgesenkt ist, braucht selbst ein solcher Minimalbetrieb Brennstoff (→Seite 31). Den bezieht der Igelkörper aus seinen Fettreserven unter der Haut. Vom sogenannten weißen Fett, das zu Beginn des Winterschlafs etwa 1/3 des Körpergewichts ausmacht, zehrt er den ganzen Winter über, und wenn dieser lang ist, wird es nicht selten bis zum Frühjahr vollständig aufgebraucht. Zusätzlich hat der Igel zwei große orangebraune Fettlappen unter der Schulterhaut. Dieses spezielle braune Fett ist zum Aufwachen nötig. Sobald es im Stoffwechsel abgebaut wird, liefert es die notwendige Wärme, um den Igel beim Erwachen wieder aufzuheizen. Es ist also wichtig, daß sich der Igel genügend weißes und braunes Fett angefressen hat, um das Frühjahr noch zu erleben. Wieviel Gewicht er insgesamt auf die Waage bringen muß, ist schwer zu beantworten. Es hängt auch davon ab, ob er gesund oder von Parasiten geschwächt ist, wie lang der Winter wird und ob dem ersten Frühling noch ein Kälteeinbruch folgt. Mehr dazu im Kapitel »Igel als Hausgäste überwintern«, Seite 74.

Warum wacht der Igel auf?

Unter günstigen Umständen kann der Igel, friedlich zusammengerollt in seinem Nest, bis zum Frühjahr schlafen. Doch es gibt ein paar Störfaktoren, die ihn womöglich daran hindern. Wenn es zu kalt wird im Nest (klirrender Frost, ein Loch in der Wand) und die Körpertemperatur unter den Gefrierpunkt zu sinken droht, wird der Igel von einem Alarmsystem geweckt. Aber auch das Gegenteil, warmes Wetter, kann den Winterschlaf unterbrechen. Und noch ein drittes, nämlich Störungen von außen, durch den Menschen etwa oder gar eine Überflutung des Schlafnestes, bewirken vorzeitiges Erwachen.
Aufwachen bedeutet einen Anstieg der Körpertemperatur auf über 30 °C. Danach verbringt der Igel ein paar Tage annähernd im Normalzustand, etwas träge und traumselig vielleicht, aber durchaus aktiv. Bisweilen verläßt er sogar sein Quartier und streunt ein bißchen umher. Dann kann man in den ungewöhnlichen Anblick eines durch den Schnee stapfenden Igels kommen.
Manch einer läßt auch sein altes Nest zurück und baut sich an anderer Stelle ein neues. Von Reparaturarbeiten scheinen Igel wohl nicht viel zu halten. Darum findet man im Winter gewöhnlich mehr Igelnester als winterschlafende Igel. Die meiste Zeit verbringt er jedoch in seinem Nest und versinkt nach einer Weile wieder in Winterschlaf.
Sobald im Frühjahr die Temperaturen anhaltend steigen, wird der Igel endgültig aufwachen. Das dauert mehrere Stunden. Die Körperfunktionen werden wieder aktiviert, und da das mit heftigen Stoffwechselprozessen verbunden ist, schießen sie zunächst weit über ihre Normalwerte hinaus. Drei bis vier Stunden nach Beginn des Erwachens ist der Höhepunkt erreicht: 325 Herzschläge und bis zu 72 Atemzüge pro Minute (normal sind 180 Herzschläge und 30 bis 50 Atemzüge pro Minute). Während dessen steigt die Körpertemperatur stetig an, schließlich entrollt sich der Igel ganz langsam.

Ein wenig Stammesgeschichte

Der Igel gehört zu einer der ursprünglichsten Säugetiergruppen, den Insektenfressern oder *Insectivora,* wie ihr wissenschaftlicher Name lautet. Diese bevölkerten schon vor 180 Millionen Jahren zusammen mit den Sauriern die Erde. Wären die kleinwüchsigen Insektenfresser allerdings nicht zu einer nächtlichen Lebensweise übergegangen, hätten sie gegen die gefräßigen Riesenechsen wahrscheinlich keine Chance gehabt. Aufgrund ihrer gleichwarmen Körpertemperatur und gewärmt durch ihr Haarkleid konnten sie in der Nacht aktiv sein, während die kaltblütigen Saurier wie alle Reptilien träge und steif wurden. Auch nach dem Aussterben der Großsaurier vor 60 Millionen Jahren behielten die Insektenfresser ihre nächtliche Lebensweise bei, und vielleicht hat das dazu beigetragen, daß sie eine der wenigen Tiergruppen sind, die vom Erdmittelalter bis in die heutige Zeit überlebt haben.

Igelvorfahren und -verwandte

Wann in der langen Entwicklungsgeschichte der Insektenfresser die ersten Igel auftraten, darüber gehen die Meinungen der Wissenschaftler auseinander. Die einen vermuten vor 40 Millionen Jahren, andere sprechen sogar von 60 Millionen. Ganz sicher gab es sie im Oligozän, also vor 35 bis 25 Millionen Jahren. Das belegen Funde versteinerter Skelette. Sie erzählen uns unter anderem, daß die meisten dieser Igel noch keine Stacheln trugen.

Haarigel: Von den in der Folgezeit entstandenen und fast über die ganze Welt verbreiteten Haarigelarten sind die meisten längst schon wieder ausgestorben. Nur in Südostasien konnten sechs Arten bis heute überleben, sozusagen als »lebende Fossilien« (→Seite 47). Mit ihrem dichten Fell und dem zum Teil langen, nackten Schwanz ähneln sie äußerlich eher Ratten als Igeln. Nach ihrem inneren Körperbau und ihren Zähnen sind sie jedoch zweifelsfrei richtige Igel.

Stacheligel: Man fand aus dieser Zeit aber auch Fossilien von Igeln mit Stacheln, und zwar in Eurasien. In den folgenden Jahrmillionen breiteten sie sich nach Osten aus und gelangten über die Beringstraße, die damals, im Tertiärzeitalter, noch eine Landverbindung zwischen den Kontinenten darstellte, nach Nordamerika, wo sie jedoch später aus unbekannten Gründen wieder ausstarben. Auf dem ganzen amerikanischen Doppelkontinent gibt es heute keine Igel, zumindest keine natürlich vorkommenden. In der Umgangssprache reden die Amerikaner zwar in manchen Gegenden von ihren »Igeln«, mei-

nen damit aber den Baumstachler, der wie das Stachelschwein zu den Nagetieren gehört. Auch nach Süden dehnten sich die Stacheligel im Laufe ihre Entwicklung aus. Wo es sie heute überall gibt, ist auf den folgenden Seiten näher beschrieben.

Tanreks: Oft auch Tenreks genannt. Sie sind die nächsten Verwandten des Igels und leben auf Madagaskar. Auch unter den Tanreks gibt es Arten mit Haaren und solche mit Stacheln. Interessanterweise haben die Tanreks ihre Stacheln völlig unabhängig von den Igeln entwickelt, nämlich erst als sich Madagaskar bereits vom afrikanischen Kontinent abgespalten hatte und eine isolierte Insel bildete. Dennoch sieht der Kleine Igeltanrek *(Echinops telfairi)* unserem Igel zum Verwechseln ähnlich und kann sich sogar zu einer Stachelkugel zusammenrollen.

Alle Igel dieser Welt

Igel sind heute nur in Europa, Afrika und Asien beheimatet. Auch in Neuseeland sind sie verbreitet, nachdem Wissenschaftler den Europäischen Igel Ende des letzten Jahrhunderts dort ausgesetzt hatten. Igel gibt es mit und ohne Stacheln, nämlich 12 verschiedene Arten Stacheligel und 6 Arten Haarigel.

Ein Igelpaar »fährt Karussell«. So nennt man das stundenlange Umeinander-Herumlaufen bei der Werbung. ◀

Stacheligel

Die folgenden 12 Arten sehen alle wie typische Igel aus. Sie tragen Stacheln, die sie aufrichten können, haben einen sehr kurzen Schwanz und ähneln auch im übrigen unserem Europäischen Igel. In einigen, vor allem älteren Tierbüchern werden die Stacheligel deshalb auch die »Echten Igel« genannt. Das ist keine besonders glücklich gewählte Bezeichnung, denn die andere Gruppe der Igel, die südostasiatischen Haarigel (→Seite 44 und 47) sind durchaus keine falschen Igel.

Igel in Europa

Europäischer Igel *(Erinaceus europaeus)*: Auch Braunbrustigel oder Westigel genannt, da zu ihm wohl alle Igel gehören, die in Europa westlich des

13. Längengrads leben. Er ist die »Hauptfigur« in unserem Buch und muß deswegen hier nicht extra beschrieben werden. Angemerkt sei noch, daß er je nach Region in Farbe und auch Größe variiert. Zum Beispiel sehen die Igel im südlichen Spanien besonders hell aus, während die irischen Igel größtenteils dunkelbraun sind.

Pruners Igel

Weißbrustigel *(Erinaceus concolor roumanicus)*: Auch Ostigel genannt, da er östlich vom 13. Längengrad vorkommt. Abgesehen von dem weißen Latz auf seinem Brustfell und der etwas kleineren Größe unterscheidet er sich vom Europäischen Igel nur durch die Maße und Proportionen der Schädelknochen. Da sich ihre Verbreitungsgebiete in einer langgestreckten Zone zwischen Ostsee und Adria überschneiden und dort Übergangsformen (wahrscheinlich Mischlinge) mit unterschiedlicher Ausprägung des Brustflecks vorkommen, streiten sich die Fachleute, ob West- und Ostigel tatsächlich zwei verschiedene Arten sind.

Afrikanische Vierzehenigel

Algerischer Igel *(Erinaceus* oder *Aethechinus algirus)*: Er ist etwas kleiner, kommt aber hochbeiniger daher als unser Igel, hat an den Hinterfüßen nur vier Zehen und trägt in seinen Kopfstacheln einen Mittelscheitel. Er ernährt sich hauptsächlich von Heuschrecken, und da er im warmen Nordafrika, auf den Kanarischen Inseln und den Balearen lebt, braucht er keinen Winterschlaf zu halten. Vereinzelt kommt er auch an der Ostküste Spaniens und in Südfrankreich vor, und dort fällt er in kalten Jahren durchaus in einen kurzen Winterschlaf.

Kap-Igel *(Erinaceus frontalis)*: Im südlichen Afrika verbreitet, gehört er leider zu den bedrohten Tierarten, da er in der Küche der einheimischen Bevölkerung als Leckerbissen gilt.

Sclaters Igel *(Erinaceus sclateri)*: In Somalia beheimatet und dem Kap-Igel in Aussehen und Lebensweise sehr ähnlich.

Weißbauchigel *(Erinaceus albiventris)*: Lebt in Zentralafrika und ist durch einen weißen Bauch gekennzeichnet.

Pruners Igel *(Erinaceus pruneri)*: Ein enger Verwandter des Weißbauchigels. Trägt wie der Algerische Igel seine Kopfstacheln mit Mittelscheitel und kommt im Gebiet des Kilimandscharo bis in etwa 1800 m Höhe vor.

Langohrigel

Ohrenigel

Diese Igelarten bewohnen sehr trockene, heiße Landstriche, Wüsten, Halbwüsten und Steppen. Sie meiden hohes Gras ebenso wie Feuchtgebiete. Ihre ungewöhnlich langen Ohren ragen wie schmale Löffel weit über das Stachelkleid hinaus und dienen nicht nur zum Lauschen, sondern auch zur Kühlung. Dicht unter der dünnen Haut der Ohrmuscheln liegen Blutgefäße. So kann hier vom zirkulierenden Blut überschüssige Körperwärme besonders gut an die Umgebung abgegeben werden. Zwar sind die Ohrenigel nachtaktiv und ruhen sich tagsüber im Schutz von Steinen oder kleinen Höhlen aus, aber auch dort kann es unerträglich heiß werden. Es gibt zwei Arten:

Langohrigel *(Hemiechinus auritus)*: Er hat lange, ziemlich dünne Beine, die wie Bauch, Gesicht und Ohren völlig weiß sind. Sein sandfarbenes Stachelkleid läßt auf der Kopfmitte einen breiten Scheitel frei. Er kommt in mehreren Unterarten von Ägypten über Vorderasien und die südostrussische Steppe bis Innerasien vor, ebenso auf Zypern.

Hemiechinus dauricus: Die zweite Ohrenigelart hat es bis-

Großer Haarigel

her noch nicht zu einem deutschen Namen gebracht. Sie lebt in der fernen Wüste Gobi und in der Gegend um den Baikalsee.

Wüstenigel

Sie sind größer, vor allem aber plumper und kurzbeiniger als die Ohrenigel. Auch ihre Ohren sind auffallend groß (wenn auch nicht ganz so groß wie die der Ohrenigel), dafür recht beweglich und sehr scharf. Die knöchernen Teile des Mittelohrs fungieren nämlich als eine Art zweites Trommelfell, das die Wahrnehmung von Geräuschen außerordentlich verstärkt. Sie leben unter extrem harten Bedingungen in Sand- und Steinwüsten, die kaum eine Möglichkeit bieten, sich vor Feinden, geschweige denn vor der glühenden Sonne zu verbergen. Auf sandigem Terrain graben sie sich Baue, die bis 50 cm in den Boden hineingehen, und verkriechen sich dort vor der Tageshitze. Auf steinigem Boden drücken sie sich in den Schatten von Felsspalten oder unter große Steine. Nachts gehen sie auf Kleintierjagd. Es gibt drei Arten von Wüstenigeln:

Äthiopischer Igel *(Paraechinus aethiopicus)*: Er bevölkert die nordafrikanischen, arabischen und irakischen Wüsten. Ein Überlebenskünstler, der auch mehrere Wochen ohne Trinkwasser auskommen kann (ihm genügt die Feuchtigkeit aus den Beutetieren) und selbst vor einem giftigen Skorpion nicht haltmacht. Hat er ihn überwältigt, beißt er ihm das Schwanzende samt dem Giftstachel ab, bevor er sich den fetten Bissen schmecken läßt. Er gilt als aggressiv, und vor allem die Weibchen verteidigen vehement ihre Jungen, indem sie schreiend mit aufgestellten Kopfstacheln auf den Angreifer losgehen.

Indischer Igel *(Paraechinus micropus)*: Er ist in den indischen Trockengebieten beheimatet.

Brandts Igel *(Paraechinus hypomelas)*: Er kommt von Arabien über Kleinasien bis Turkestan vor.

Haarigel

Haarigel sehen anders aus, als wir Europäer uns einen Igel vorstellen. Sie haben ein dichtes Fell und einen mehr oder weniger langen, nackten oder nur kümmerlich behaarten Schwanz. Damit erinnern sie in ihrem Äußeren stark an Ratten und sind deswegen auch unter dem Namen »Rattenigel« bekannt. Der Aufbau ihres Skeletts

Äthiopischer Igel

und ihr innerer Körperbau, vor allem aber die Form ihres Gebisses weisen sie jedoch ganz eindeutig als echte Vertreter der Igelfamilie aus (→Ein wenig Stammesgeschichte, Seite 43).

Großer Haarigel *(Echinosorex gymnurus)*: Mit 45 cm Rumpflänge ist er der größte aller heute auf der Erde lebenden Insektenfresser. Beheimatet ist er in Hinterindien, Burma, Malaysia, Sumatra und Borneo. Im Gegensatz zu den Stacheligeln hält er sich meist

Zwerghaarigel

Bild rechte Seite: Das von einem Stachelkranz umrahmte Igelgesicht: ein behaartes Dreieck mit schwarzen Knopfaugen und einem »Schweineschnäuzchen«. ▶

im tiefen Wald und gern auch in Wassernähe auf. Er ist ein geschickter Schwimmer, flüchtet bei Gefahr häufig ins Wasser und holt sich hier auch einen Teil seiner Nahrung, nämlich Weichtiere und Fische. Unterwegs ist er ausschließlich nachts. Er streift durch sein Revier, das er mit einem Sekret aus zwei Duftdrüsen rechts und links vom After markiert. Der Geruch erinnert an verfaulte Zwiebeln oder Knoblauch. Tagsüber zieht sich der Große Haarigel in Baumhöhlen, unter Wurzeln oder in unbesetzte Erdbaue anderer Tiere zurück.

Zwerghaarigel *(Hylomys suillus):* Er ist nur 10 bis 12 cm groß, hat ein am ganzen Körper rostbraunes Fell und ein kurzes »Schweineschnäuzchen«. Im dichten Unterwuchs der Gebirgswälder Süd- und Indochinas sowie Nordburmas jagt er hauptsächlich Insekten und Regenwürmer, in einer hüpfenden Gangart und mit kurzen Sätzen. Er benutzt immer wieder dieselben Pfade, die dadurch regelrecht ausgetreten werden.

Chinesischer Haarigel *(Hylomys sinensis):* Er sieht dem Zwerghaarigel sehr ähnlich, ist aber noch etwas kleiner. Man findet ihn in den kühlen, ewig feuchten Wäldern des nördlichen Thailands, Burmas und Südchinas bis in Höhenlagen von 2100 bis 2800 m vor.

Hainan-Haarigel *(Hylomys hainanensis):* Ihn gibt es nur auf der chinesischen Insel Hainan, wo er erst 1959 entdeckt wurde. In seinem rostbraun und grau gefärbten Fell trägt er einen schwarzen Streifen auf dem Rücken. Da man bisher nur ganz wenige Exemplare gefunden hat, weiß man so gut wie nichts über seine Lebensweise. Leider ist er heute vom Aussterben bedroht, weil die Wälder seiner Heimat weitgehend abgeholzt wurden.

Philippinischer Haarigel *(Podogymnura truei):* Auch er steht auf der »Roten Liste der gefährdeten Arten« des Washingtoner Artenschutzabkommens, da sein Lebensraum, die Laub- und Moosschicht im Unterholz des Tropenwalds, durch Flächenbrände und Rodungen weitgehend zerstört wurde. Das braune Fell dieses Haarigels ist lang und weich, und auch sein Schwanz ist behaart. Soviel man weiß, ernährt er sich ausschließlich von tierischer Kost. Dabei schmatzt und grunzt er genauso laut wie unser Igel, weswegen ihn die Eingeborenenen auf Mindanao auch »Bagobo« – »Erdschwein« nennen.

Goldhaarigel *(Podogymnura aureospinula):* Dieses hübsche Tier mit dem weichen, goldbraunen Fell lebt auf der kleinen Philippinen-Insel Dinagat und wurde erst 1982 entdeckt. Noch ist praktisch nichts über seine Lebensweise bekannt, außer daß er in unzugänglichen Waldregionen haust.

Insektenfresser

Insektenfresser gibt es seit 180 Millionen Jahren auf unserer Erde. Immer neue Arten entstanden und vergingen wieder, längst bevor der Mensch vor knapp 2 Millionen Jahren auf den Spielplan trat. Nur ein paar von ihnen entwickelten sich während der letzten Jahrtausende zu den heutigen Insektenfresserarten weiter.
Dazu gehören neben den Igeln folgende Tierfamilien:

- *Spitzmäuse*
- *Maulwürfe*
- *Tanreks*
- *Otterspitzmäuse*
- *Goldmulle*
- *Schlitzrüssler.*

Diese Tierfamilien weisen eine Reihe von Gemeinsamkeiten auf, die von den Zoologen zur Erstellung eines entwicklungsgeschichtlichen Stammbaums herangezogen werden.

Gemeinsame Körpermerkmale sind zum Beispiel:

- *fünfzehige Gliedmaßen,*
- *ein Gebiß mit spitzen, kleinen Zähnchen, die sich gut zum Fangen und Verzehren von Insekten und anderen Kleintieren eignen,*
- *eine gut entwickelte Region für die Geruchswahrnehmung im Gehirn,*
- *zwei »Hörner« an der Gebärmutter,*
- *ein scheibenförmiger Mutterkuchen (Plazenta).*

DAS JAHR DES IGELS

Schnauf, der Igel, hat den ganzen Winter geschlafen. Nun wird er von der Frühlingswärme geweckt, und es beginnt ein neues Igeljahr.

Es ist Ende März. Der Garten glänzt in der warmen Mittagssonne. Eine Amsel, die gerade dabei gewesen war, die gelben Krokusse in der Wiese zu köpfen, weiß der Himmel, was sie dazu treibt, fliegt plötzlich auf und verschwindet in der Hainbuchenhecke. »Tixtixtixtix« zetert sie aus ihrem sicheren Versteck zu Oskar hinüber, dem schwarzen Kater mit den weißen Schnurrhaaren. Der sieht so aus wie alle Katzen, die ertappt wurden – unbeteiligt. Gemächlich schlendert er zum Teich, schnuppert kurz an der Wasseroberfläche und haut sich auf die sonnendurchwärmten Steine, die den Rand einfassen. Während ihm langsam die Augen zufallen, wacht ein anderer auf. Die Frühlingswärme hat sich auch unter der Hecke breitgemacht. Sie ist in das Laub gekrochen, tief hinein, und auf ein Nest gestoßen. Dort liegt, zu einer Kugel zusammengerollt, Schnauf, der Igel. Er hat den ganzen Winter geschlafen, bis jetzt, bis die Wärme zu ihm vorgedrungen ist und nach ihm gegriffen hat. Wenn es warm wird, wacht Schnauf auf. Das ist wie ein innerer Wecker, der zu klingeln anfängt.

Doch der Igel schlägt nicht einfach die Augen auf, räkelt sich und steigt munter aus dem Nest. Schnaufs Erwachen dauert.
Schließlich lag er den ganzen Winter über sozusagen »auf Eis«. Seine Körpertemperatur maß knapp 10°C, sein Puls schlug kaum zehnmal in der Minute. Atem holte er pro Minute ebenfalls höchstens zehnmal. Alle Körperfunktionen liefen wie in extremer Zeitlupe ab. Nun muß Schnauf seinen Motor ankurbeln, damit die »Betriebstemperatur« wieder auf normale 35°C steigt. Seine Muskeln zittern, um mehr Wärme zu produzieren. Das ist furchtbar anstrengend, so daß sein Herz vorübergehend rast wie eine Lokomotive und seine Atmung doppelt so schnell ist wie normal. Viele Stunden braucht Schnauf, bis er alle Müdigkeit abgestreift hat. Eine ganze Weile liegt er noch erschöpft da. Doch nun knurrt sein Magen, denn von seinen Fettpolstern, die er sich im letzten Herbst angefuttert hat, ist nicht mehr viel übrig geblieben. Steifbeinig arbeitet sich Schnauf aus seinem Nest heraus.
Draußen hat sich die Szenerie verändert. Die Schatten sind länger, die Farben grauer geworden. Im Haus flammen die ersten Lichter auf, und Oskar hat einen seiner Menschen zwecks »Inbesitznahme« aufgesucht.
Die Abendgeräusche flauen langsam ab, dafür ist unter der Hecke das Geraschel von Laub zu hören. Ein spitzes Igelnäschen bohrt sich ins Freie, schnuppert und sichert. Die Luft ist rein, und Schnauf trippelt auf die Wiese.
Er ist so abgemagert, daß ihm das Fell um die Knochen schlottert. Rund ein Viertel seines Körpergewichts hat er verloren. Nun muß er zusehen, daß er etwas Freßbares zwischen die Zähne bekommt. Schnaufend macht er sich auf die Suche.

Nichts Neues im Revier?

Er wendet sich nach links und bewegt sich langsam entlang der Hecke in Richtung Terrasse. Dort pflegt, wenn er sich recht erinnert, immer ein Schälchen mit Futter zu stehen. Jedenfalls war das so, bevor er sich zum Winterschlaf zurückzog. Das Futter ist zwar nicht für ihn bestimmt, sondern für den langschwänzigen Leisetreter, der ihm auf seinen nächtlichen Streifzügen manchmal über den Weg läuft. Aber Schnauf geht über solche Besitzverhältnisse einfach hinweg. Was er findet, gehört ihm, heute ganz besonders, bei der absoluten Leere in seinem Magen.

Tatsächlich steht das Schälchen am gewohnten Platz, aber leider ist von seinem Inhalt nicht mehr viel übrig. Heißhungrig macht Schnauf sich darüber her. Anschließend schnüffelt er ein wenig zwischen den Steinen herum, erbeutet ein oder zwei Spinnlein und trippelt dann zur anderen Seite des Gartens hinüber, wo sich eine Rabatte den Zaun entlang zieht. Mit der Nase am Boden arbeitet er sich zwischen den vertrockneten Staudenstengeln langsam bis zum Teich vor. Wann Schnauf vorher abbiegen muß, hat sich ihm fest ins Gedächtnis geprägt. Er jedenfalls wird nicht wieder ins Wasser fallen wie vor einem Jahr, als der Teich frisch angelegt war. Glücklicherweise hatten die Menschen für einen Ausstieg gesorgt, und so war er noch einmal davongekommen.

Schnauf kennt sich gut aus in seiner Umgebung. Trotz Winterschlafpause hat er Einzelheiten wie den Rhododendronbusch am Hauseck, einen merkwürdig geformten Stein am Ende der Terrasse oder den intensiven Geruch des Kalmus am Teichrand nicht vergessen und findet sich so auf Anhieb wieder zurecht. Er erinnert sich auch an den Durchschlupf im Zaun hinten im Eck bei der Tanne und strebt nun darauf zu. Zum Verlassen des Gartens treibt ihn nicht nur der Hunger, denn was ihm bis jetzt vor die Schnauze gekommen ist, reicht bei weitem nicht aus. Er will sich auch vergewissern, daß in seinem Wohngebiet noch alles beim Alten ist.

Verflixt, die kaputte Zaunlatte ist durch eine neue ersetzt, das Loch ist zu. Aber das verdrießt Schnauf nicht weiter. Mit Zähnen und Klauen macht er sich daran, ein anderes Loch zu graben. Es dauert gar nicht lang, da hat er den Raum zwischen Erde und Holz so weit vergrößert, daß er sich platt wie eine Flunder unten durchzwängen kann.

Jenseits des Zauns muß Schnauf einen Weg überqueren und gelangt dann in ein mit Gras, Büschen und Bäumen bewachsenes Gebiet. Manchmal begegnen ihm hier Hunde mit ihren Menschen, je nachdem wie früh in der Nacht er dieses Jagdrevier betritt. Wenn diese Köter nur nicht so ein Gekläffe anstimmen würden! Manchmal kreuzt er die Fährte eines Artgenossen. Wenn sie noch frisch ist, schlägt er schleunigst eine andere Richtung ein, denn von solchen Begegnungen hält ein Igel rein gar nichts. Der Fremde soll ihm nur nicht zu nahe kommen.

Als Schnauf am anderen Morgen kurz vor Sonnenaufgang in sein Schlafnest schlüpft, ist er einigermaßen satt, aber auch rechtschaffen müde. Immerhin hat er in einer Nacht ein Gebiet von rund 30

Hektar auf der Suche nach etwas Freßbarem abgetrabt und dabei mehr als zwei Kilometer zurückgelegt.

Im Dunkeln immer der Nase nach

Drei Wochen sind vergangen. Noch immer ist Schnauf des Nachts hauptsächlich auf Futter aus. Kaum ist die Dämmerung hereingebrochen, beginnt es im Igelnest zu rascheln und Schnauf kommt herausgekrochen. Er räkelt sich genüßlich und streckt seine Beine weit aus. Dann kratzt er sich mit den Hinterfüßen lang und ausgiebig. Was für komische Verrenkungen er dabei macht, um möglichst überall hinzugelangen. Schließlich schüttelt er sich, daß die Stacheln nur so rasseln, und marschiert los.

Hinterm Haus herrscht das reinste Igel-Eldorado. Abgesehen von ein paar Gemüsebeeten, die gerade frisch angesät und bepflanzt wurden, darf hier wachsen, was will. Schnauf streift vorbei an Polstern aus Buschwindröschen, arbeitet sich in Schlangenlinien durch üppig wuchernde Brennesseln, vertrocknetes Gras und frisch sprießenden Löwenzahn, die eifrig schnuppernde Nase wie ein Spürhund immer dicht am Boden. Daß sie tropft wie ein undichter Wasserhahn ist nicht ein Zeichen von Schnupfen, sondern von besonders intensiver Geruchsaufnahme. Die Nase ist des Igels bestes Sinnesorgan. Er bohrt sie in jedes Erdloch, jedes Pflanzenbüschel, schnüffelt unter jedes Blatt, pflügt durch altes Laub und stöbert dabei alles mögliche Kleingetier auf: Spinnen, Asseln, Raupen, Laufkäfer, Ohrwürmer.

Von den großen Blättern des Breitwegerichs klaubt er eine fette dunkelbraune Wegschnecke, eine leichte Beute, die ihm nicht entwischt. So kann er sie erstmal tüchtig durchwalken und kneten, um den dicksten Glibber zu entfernen. Dann vertilgt er sie laut schmatzend. Anschließend wischt er sich mit den Vorderpfoten den klebrigen Schleim von der Schnauze und reibt sein Gesicht im taunassen Gras ab.

Nach zwei Stunden macht er die erste Pause und sucht sich einen geschützten Winkel, um auszuruhen. Um Mitternacht hört man ihn wieder rascheln und schnaufen, schmatzen und knacken, prusten und schnüffeln. Und noch ein drittes Mal wird sich Schnauf nach einem kurzen Nickerchen auf die Beine machen, nämlich in den frühen Morgenstunden, kurz vor Sonnenaufgang.

In die Geräusche der Nacht mischt sich eine neue Stimme, ein tiefes »karr«, ein weiches, klagendes »hüid«. Im dichten Gebüsch des Hartriegels hat eine Nachtigall ihr Domizil aufgeschlagen. Langsam steigert sie sich in ihren Gesang hinein und schmettert und schluchzt unzählige Strophen zum Sternenhimmel empor.

Schnauf ist das einerlei. Gerade hat er einen Tausendfüßer erwischt. Das war ganz schön schwierig, weil der sich meist, viel zu flink für einen Igel, aus dem Staube machen kann. Da er unter seinem Chitinpanzer eine nahrhafte Fettschicht trägt, ist Schnauf ganz scharf auf ihn. Dabei stört den Igel nicht, daß der Tausendfüßer bitter schmeckt. Regenwürmer hingegen gehören eigentlich nicht zu seiner Leibspeise. Doch als er mit der Nase auf einen stößt, vertilgt er ihn ohne Zögern. Gerade jetzt, wo das Angebot noch etwas spärlich ist, kann er sich nicht leisten, wählerisch zu sein. Schließlich muß er sich so schnell wie möglich wieder ein Fettpolster anfressen. Man weiß ja nie, ob ihn die Eisheiligen nicht doch noch einmal zu einer unfreiwilligen »Fastenkur« zwingen.

So nimmt Schnauf, was ihm vor die Schnauze kommt. Er macht vor beinahe nichts halt, nicht einmal vor einer toten Spitzmaus. Als er sich am anderen Morgen zum Schlafen zusammenrollt, hat er fast ein Fünftel seines eigenen Körpergewichts gefressen. Wollte ihm das ein Mensch nachmachen, der beispielsweise 60 Kilogramm wiegt, müßte der pro Tag 12 Kilogramm Lebensmittel verputzen.

»Gute Nacht« im Tagesnest

Bei einem seiner nächsten Streifzüge begibt Schnauf sich nicht zu seinem alten Schlafnest zurück. Was den Wohnkomfort anbelangt, sind seine Ansprüche in dieser Jahreszeit gering. Es macht ihm nichts aus, sich noch rasch eine neue Unterkunft zu bauen, statt den langen Weg in das Nest anzutreten, aus dem er am Abend zuvor gestiegen ist.

Diesmal hat er das Wohngebiet mit seinen aneinandergrenzenden

Gärten, in dem er sich sonst herumzutreiben pflegt, hinter sich gelassen. Jenseits der im fahlen Mondlicht hell schimmernden Löwenzahnwiese liegt der Bauernhof. Hier kann ein Igel sich wohl fühlen. Schnauf beschließt, den Tag zu verschlafen und sich in der nächsten Nacht ausführlicher umzusehen.

Ein Stoß aus dicken Holzkloben, der am Rande des alten Obstgartens aufgeschichtet ist, kommt ihm gerade recht. Schnauf legt die Stacheln an und quetscht sich durch eine schmale Lücke. Drinnen findet er ein gemütliches Plätzchen, das er nur noch ein bißchen auspolstern muß. Er schlüpft wieder hinaus, sammelt trockene Grashalme und Blätter in seinem Maul und trägt sie ein. Zuletzt steigt er mitten hinein und dreht sich solange um sich selbst, bis er eine Mulde geformt hat. Mit seinen Stacheln kämmt er dabei die Wände schön glatt.

Auf diese Weise werden im Laufe des Sommers mehrere Behausungen entstehen, die Schnauf je nach Bedarf aufsucht. Manchmal genügt ihm dafür aber auch nur ein dickes Grasbüschel oder ein Laubhaufen an einer geschützten Stelle. Rasch eine Mulde hineingedrückt, und fertig ist das Nest.

Heute passiert allerdings noch etwas Unerhörtes. Gerade als Schnauf die Augen zufallen wollen, hört er ein Kratzen und Scharren, und ehe er sich's versieht, hat sich ein weiterer Stachelfrack dazugequetscht. Schnauf will ihn wütend hinausdrängen, aber der andere wendet einfach die Taktik des »Sich Schwer Machens« an. Schließlich bleibt Schnauf nichts weiter übrig, als mit dem Eindringling zusammen den Tag zu verschlafen.

Igel unter sich

»Igel begegnen sich und ziehen aneinander vorüber wie Schiffe in der Nacht.« Ein poetischer Vergleich für die kategorische Tatsache, daß

Schnauf es auf den Tod nicht leiden kann, wenn ihm ein Artgenosse zu nahe auf die Stacheln rückt. Entsprechend griesgrämig begibt er sich andernabends auf die Pirsch. Da es noch dazu in Strömen regnet, fällt die Erforschung des neu entdeckten Reviers buchstäblich ins Wasser.

Unter Igeln ist es üblich, sich Grund und Boden gegenseitig nicht streitig zu machen. Man verteidigt nur den Raum um sich herum. Schnauf braucht seine »Ellbogenfreiheit« – erst recht heute. Mißmutig überquert er den Hof und platscht hochbeinig durch Wagenspuren, in denen sich das Wasser gesammelt hat. Er weiß nicht, ob er hierbleiben oder sich lieber wieder in die vertrauteren Gefilde zurückbegeben soll. Schließlich schlägt er die Richtung ein, in der sein Wohngebiet liegt.

Eine Weile kann Schnauf sich in dem Glauben wiegen, allein auf der Welt zu sein. Doch als er unter einem Busch hindurchstreift, rennt er um ein Haar in einen anderen Igel hinein. Klapp, läßt er die Stachelhaube über die Augen fallen und schnauft scharf und heftig. Der Gegner, nicht faul, hat das gleiche gemacht. Jetzt ist Schnauf so aufgebracht, daß er ein lautes Keckern ausstößt, fast wie ein kurzes, trokkenes Bellen. Er boxt mit der Stachelhaube auf den andern ein und versucht ihn wegzudrücken. Der Gegner setzt sich hartnäckig zur Wehr, und eine Zeitlang schieben sie sich im nassen Gras gegenseitig hin und her. Schließlich merkt der fremde Igel, daß er Schnauf für heute nicht gewachsen ist. Nach dem Grundsatz: »Der Klügere gibt nach!« zieht er sich zurück und sucht sein Jagdglück woanders.

Auf Freiersfüßen

Der Mai ist gekommen. Zu den Geräuschen, die die Nächte erfüllen, hat sich jetzt das Geranze und Gejaule der Kater gesellt. Auch Oskar mit den weißen Schnurrhaaren war schon mehrmals in Kämpfe verwickelt, bei denen im wahrsten Sinne des Wortes die Fetzen flogen. Schnaufs Streifzüge durch die Umgebung werden immer ausgedehnter. Es ist nicht nur die ständige Suche nach etwas Freßbarem. Irgend etwas anderes treibt ihn an und läßt ihn nicht zur Ruhe kommen.

Eines schönen Abends ist er mal wieder bis zu dem Bauernhof vorgestoßen, wo er schon einmal übernachtet hat. Die Wiese im al-

ten Obstgarten ist hochaufgeschossen und wiegt sich mit weißen Blütenschaumkronen in der leichten Abendbrise.
Schnauf schnüffelt um den Holzstoß herum und verleibt sich schmatzend einige Käfer ein. Plötzlich mischt sich in den Duft von Blumen und Kräutern ein Geruch, der ihn elektrisiert. Er reckt die Nase nach oben und zieht begeistert die Lefzen hoch. Dann trabt er los. Weit muß er nicht laufen, denn als er um die Ecke biegt, steht er Weißfleck, der Igeldame, gegenüber. Abgesehen davon, daß ihre Stirnstacheln einen hellen Fleck aufweisen, sieht sie genauso aus wie Schnauf. Merkwürdigerweise reagiert er ganz anders als sonst bei Artgenossen. Von einem Moment zum anderen wird aus dem abweisenden Einzelgänger ein stürmischer Liebhaber, der sich mit Elan in die Brautwerbung stürzt.
Von diesem plötzlichen Interesse überrumpelt, ergreift Weißfleck die Flucht. Sie ist keineswegs in Stimmung, da könnte ja jeder kommen. Doch der aufdringliche Kerl läßt sich nicht abwimmeln. Er ist ihr dicht auf den Fersen und treibt sie regelrecht in die Enge. In der Ecke zwischen Scheune und Stall kommt sie ihm nicht mehr aus. So rollt sie sich erst einmal zu einer Kugel zusammen. Mal sehen, wer mehr Geduld hat. Sie jedenfalls wird ihre

Nase erst wieder hervorstrecken, wenn sich der ungebetene Freier getrollt hat.
Doch Schnauf ist bereits bis über beide Ohren »verliebt« und läßt sich nicht einschüchtern. Unverdrossen setzt er seine Werbung fort. Er trippelt um Weißfleck herum und versucht, an ihr zu schnüffeln. Ist das ein lästiger Geselle! Die Igeldame öffnet kurz ihr Stachelvisier und faucht wütend. Das scheint Schnauf jedoch noch mehr anzustacheln, und er verdoppelt seine Anstrengungen. Schließlich wird es Weißfleck zu bunt. Sie rollt sich auf und boxt mit aufgestellter Stachelmütze auf ihn ein.

Das »Igelkarussell«

Der Angriff der Igelin hat Schnauf so überrumpelt, daß er beinahe das Gleichgewicht verloren hätte. Doch von nun an ist er auf der Hut. Während er ihre Attacken mit gespreizten Stacheln abwehrt, versucht er, von hinten an sie heran-

zukommen. Gerade das will Weißfleck aber verhindern, und so dreht sie sich mit und wendet dem Freier eigensinnig immer wieder die Flanke zu. Dabei faucht sie rhythmisch und um so lauter, je aufdringlicher Schnauf seine Versuche wiederholt, auf sie aufzureiten.
Einige Stunden drehen sich die beiden in diesem »Igelkarussell«, und der Lärm ist beträchtlich. Kein Wunder, daß plötzlich ein weiterer Igel auf der Bildfläche erscheint. Jetzt wird es bitterernst. Schnauf ist keinesfalls gewillt, die Gunst der Igeldame mit einem anderen zu teilen. Er versucht, mit aufgestellten Stacheln den Rivalen zu unterlaufen und in die Beine oder den Bauch zu beißen. Ein »Treffer« gelingt ihm, aber weil er dabei seine eigene Deckung vergessen hat, wird auch er »getroffen«. Blutend lassen die beiden schließlich voneinander ab. Weißfleck hat die Gelegenheit genutzt und sich inzwischen aus dem Staube gemacht.

Es liegt in der Natur eines Igels auf Freiersfüßen, daß er sich nicht davon abbringen läßt, die »Dame seines Herzens« umzustimmen, und wenn es Wochen dauern sollte. Und so hat Schnauf seine Auserwählte schon am nächsten Abend wieder ausfindig gemacht. Von nun an belagert und bedrängt er sie Nacht für Nacht. Es ist eher ein Kampf als ein Liebesspiel. Immer wieder wird es unterbrochen durch das Auftauchen weiterer Freier, die Schnauf wütend in die Flucht schlägt. Er ist schon ganz abgemagert, weil er vor lauter Liebeswerben kaum zum Fressen kommt. Auch Weißfleck hat langsam genug davon, ihn dauernd abzuwehren. Ist es seine Beständigkeit, sein »betörender« männlicher Duft, den sie unentwegt in der Nase hat? Nach einer gewissen Zeit jedenfalls ist sie in die richtige Paarungsstimmung gebracht.
Unvermittelt und ohne sich durch ihr fortgesetztes Fauchen irritieren zu lassen, steigt Schnauf auf ihren Rücken. Auf einmal läßt Weißfleck alles Sträuben sein. Sie glättet ihre Stacheln, drückt sich auf den Boden, reckt die Nase in die Luft und hebt das Becken leicht an. So bekommt Schnauf keine Stiche und Kratzer ab, als er sie mit den Zähnen an den Schulterstacheln packt und die Paarung in wenigen Sekunden vollzieht. Anschließend hält es ihn

nur noch einige Stunden bei der Igelin. Da sie jeden weiteren Paarungsversuch mit Einigeln abwehrt, trollt er sich schließlich. Wahrscheinlich wird er im Laufe des Sommers noch mit mehreren anderen Igeldamen »anbandeln«. Wir lassen ihn jedenfalls seiner Wege gehen und heften uns in den nächsten Wochen an Weißflecks Fersen.

Fünf kleine Stachelbabys

Wie gut, daß die Igelin diesen Fleck auf der Stachelhaube trägt, sonst würden wir sie nicht von den anderen Igeln unterscheiden können. Nicht einmal die Schwangerschaft sieht man ihr an. Wie gewohnt ist sie des Nachts unterwegs auf Futtersuche. Rund um den Bauernhof ist jetzt im Juni der Tisch reich gedeckt. Auf dem noch sonnenwarmen Pflaster, das einen Teil der Hofeinfahrt bedeckt, lassen sich viele Insekten nieder. Auch die dicken Nachtfalter sind unterwegs. Gerade ist einer dicht vor Weißfleck gelandet. Sie verharrt regungslos. Plötzlich macht sie einen Satz und springt mit den Vorderpfoten auf ihn. Jetzt gut mit den Krallen festhalten, damit sie den fetten Brummer in Ruhe verzehren kann.

Rund fünf Wochen dauert die Tragzeit. Den Platz für die Kinderstube hat Weißfleck schon auserkoren. Es ist ein großer Haufen aus Laub und Reisig, der sich hinter dem Schuppen unter einem dichten Holunderstrauch angesammelt hat. Nun trägt sie dicke Büschel trockenen Grases, Stroh und Moos herbei und polstert das Nest damit aus. Alles wird gut festgetreten, damit es hübsch glatt und kuschelig ist.

An einem frühen Morgen im Juli ist es dann soweit. Das Vogelkonzert ist bereits in vollem Gange, als das erste Junge im Igelnest liegt. Nur bekommt es davon nichts mit, denn es ist taub und blind dazu. Weißfleck frißt Fruchtblase und Nachgeburt und beleckt sodann das Neugeborene ausgiebig. Damit bringt sie Atmung und Kreislauf erst richtig in Schwung. Noch ist seine Haut ganz nackt und rosa wie bei einem Schweinchen und so aufgequollen, daß die Stacheln wie in einem Polster ganz darin eingebettet sind. Sie

würden ja sonst die Mutter bei der Geburt verletzen.
Nacheinander kommen noch vier weitere Igelchen zur Welt, mit denen Weißfleck genauso verfährt wie mit dem Erstgeborenen. Gleich nach der Geburt arbeiten sich die Winzlinge zu den Zitzen der Mutter vor und trinken ihre erste Milch, während Weißfleck entspannt auf

der Seite liegt. Kaum sind sie satt, schlafen die Kleinen auch schon wieder ein. Das ist bei Igeln nicht anders als bei neugeborenen Menschenkindern. Wenn ein paar Stunden später die Haut der Igelkinder runzelig geworden ist und dünne, aber harte weiße Stachelchen hervorspitzen, kann man schon erkennen, daß aus den kleinen »Würstchen« einmal richtige Igel werden.

Die gute Igelmutter

Die ersten Tage vergehen mit Trinken und Schlafen und Schlafen und Trinken. Weißfleck verläßt in dieser Zeit das Nest nicht ein einziges Mal. Ihre eigenen leiblichen Bedürfnisse sind im Moment von untergeordneter Bedeutung. Wichtig sind nur die Jungen. Nach jeder Mahlzeit leckt sie ihnen Bäuchlein und After und regt damit die Verdauung an. Anschließend frißt sie Kot und Urin und hält die Kinderstube tadellos sauber. Der Instinkt, dem sie hier folgt, ist lebensnotwendig. So wird verhindert, daß sich Krankheiten und Infektionen ausbreiten oder durch den Geruch Freßfeinde angelockt werden.
Doch irgendwann regen sich auch bei der fürsorglichsten Igelmutter Hunger und Durst. Als drei Tage später die Amsel sich im Holunderstrauch niederläßt und ein letztes Liedchen vor dem Schlafengehen flötet, bewegt sich etwas unter ihr. Zum erstenmal nach der Geburt geht Weißfleck wieder auf die Jagd. Jetzt muß sie sich besonders bei Kräften halten, denn das Säugen fordert ihr viele Kalorien und Nährstoffe ab. Sorgfältig hat sie ihre Jungen, in deren Kinderkleid schon die ersten dunklen Stacheln zu sprießen beginnen, mit Nestmaterial zugedeckt und stürzt sich nun heißhungrig auf alles Freßbare.
Dabei gerät sie auch in den Hühnerstall. Das Federvieh hat sich zum Schlafen bereits auf die Stangen zurückgezogen, gackert aber noch einmal aufgeregt, als es zu

seinen Füßen lautes Schnaufen, Scharren und Rascheln hört. Jetzt ertönt ein zufriedenes Schnauben. Die Igelin ist auf ein Ei gestoßen, das versteckt in der Einstreu lag. Sie stupst es mit Schnauze und Pfoten an. Sie rollt es hin und her. Sie stellt es auf. Sie versucht es zu knacken, aber ihre kleinen Zähne rutschen an der harten Schale ab. Schließlich muß sie aufgeben. Grunzend verläßt sie die Stätte ihrer Niederlage. Als sie in der Morgendämmerung ins Nest zurückschlüpft, begrüßen die Jungen sie fiepend. Noch sind ihre Äuglein geschlossen, die Öhrchen nicht entfaltet, doch mit ihrem Geruchssinn wissen sie sich den richtigen Platz an der Milchquelle zu erobern. Danach schmiegen sie sich wie alle Babys an den wärmenden Bauch der Mutter.

Weißfleck zieht um

So könnte es weitergehen, bis die Kleinen aus dem Gröbsten heraus sind, wenn nicht am nächsten Tag etwas geschähe, das Weißfleck in große Aufregung stürzt. Plötzlich beginnt es um das Igelnest herum zu zittern und zu beben. Schwere Schläge erschüttern den Boden. Wände und Dach geraten ins Wanken. Ehe sich Weißfleck recht versieht, ist sie in gleißende Helligkeit getaucht. Sie stellt ihre Stacheln hoch und macht sich über ihren Jungen so breit wie möglich. Da ruft eine helle Stimme etwas. Eine dunkle Stimme antwortet, dann beugen sich zwei Gesichter über das Nest, ein junges rosiges und ein altes bärtiges. Eine kurze Zeitlang herrscht atemlose Stille.

Erneut rumort es um sie herum, diesmal jedoch mit großer Behutsamkeit. Das Nest wird wieder zugedeckt, Schritte entfernen sich, Stille kehrt ein. Eine ganze Weile liegt Weißfleck da, und ihr Herz klopft laut vor Angst. Als sie merkt, daß nichts weiter passiert, beruhigt sie sich langsam. Doch das Gefühl, daß dieses Nest nun nicht mehr sicher ist, verläßt sie nicht. Nachdem sie ihre gewohnte Zeit der Dämmerung abgewartet hat, macht sich die Igelmutter auf die Suche nach einer neuen Behausung. Sie findet sie außerhalb des Gehöfts am Fuße einer Böschung im dichten Brombeergestrüpp. Eilig richtet sie mit Gras und Blättern ein frisches Nest her. Dann trägt sie ein Igelchen nach dem anderen dorthin. Dabei fallen die Kleinen genau wie Kätzchen in eine Tragstarre.

Die Igelkinderstube

Bald ist der Zwischenfall vergessen. Die Igelbabys entwickeln sich prächtig. Nach zwei Wochen hat sich ihre Haut schon grau gefärbt. Zu den weißen Erstlingsstacheln sind die dunklen der zweiten Generation gekommen. Jetzt öffnen sich auch Augen und Ohren, und ein dünnes Fellchen bedeckt die unbestachelten Körperteile. Der Hunger ist gewaltig. Quietschend und schubsend drängeln sie sich um Mutters Zitzen. Nach rechter Igelart boxen sie sich dabei gegenseitig mit dem Kopf. Wenn der Igelin die Rangelei zuviel wird, zieht sie sich in ein Zweitnest zurück, das sie sich ganz in der Nähe angelegt hat.

In der Kinderstube geht das Geschiebe noch eine Weile hin und her. Ein Igelchen ist dabei an ein kleines Stückchen Leder geraten, das wohl beim Auspolstern ins Nest gelangt ist. Eifrig schnüffelt es daran, dann kaut es darauf herum. Bald steht ihm schaumiger Speichel vorm Maul, den es sich mit der Zunge auf die Stacheln befördert. Ein anderes Igelchen hat ihm erst interessiert zugeschaut und sich dann auch dieser neuartigen Tätigkeit hingegeben. Ein drittes hat Einrollen geübt. Es gelingt auch schon ganz gut, wenn ihm nur nicht sein dicker Kinderbauch im Wege wäre. Schließlich wird es von der Müdigkeit übermannt, und nun liegt es an die anderen geschmiegt

und schläft. Manchmal zucken sie unmerklich mit den Stirnstacheln. Vielleicht ist ihnen im Traum etwas Gefährliches begegnet, und sie versuchen das »Visier« hinunterzuklappen wie die Großen. Richtig können sie es noch nicht, schließlich sind sie erst drei Wochen alt.

Erster Ausflug

Bald darauf dürfen die Igelchen zum erstenmal ihre Nase vor die Tür strecken. Eines nach dem anderen stolpert hinter der Mutter ins Freie. Es ist noch hell, und man hört auf dem Hof Kühe muhen, einen Traktor tuckern, Kinder rufen. Für die Igelchen ist die Welt voller aufregender Gerüche und Geräusche. Tapfer versuchen sie mit der Mutter Schritt zu halten, auch wenn sie vorläufig noch mehr auf dem Bauch rutschen, als daß sie laufen. Weißfleck scheint sich nicht weiter um ihre Kinder zu kümmern. Im Eiltempo läuft sie voraus und ist vollauf mit der Futtersuche beschäftigt. Doch das gehört bei Igeln zur Erziehung. Die Mutter denkt gar nicht daran, ihren Kindern etwas Freßbares vorzulegen. Sie müssen selbständig nach Futter suchen und ihre Beute nach dem Prinzip von Versuch und Irrtum kennenlernen. So probieren sie zunächst einfach alles aus, was ihnen vor die Schnäuzchen kommt. Was schmeckt, wird gefressen.

Da trippeln sie nun im Gänsemarsch hinter Weißfleck her, ziehen dieselben Schlangenlinien durch Gras und Gesträuch wie sie, bleiben

stehen, wenn sie stehenbleibt. Ein Igelchen ist von der Marschroute abgekommen. Verzweifelt erhebt es sein helles Stimmchen: Mutter, Geschwister, wo seid ihr? Sein Pfeifen und Trillern klingt fast wie Vogelgezwitscher.

Weißfleck ist sofort zur Stelle. Besorgt schnüffelt sie an ihrem Jungen. Dann packt sie es und trägt es zum Nest zurück. Für heute ist es genug! Die übrige Kinderschar ist ihr gefolgt, und schon hängen alle wieder an ihren Zitzen und versuchen, einige Schlucke Milch zu ergattern. Die selbständige Futtersuche ist doch recht mühselig.

Bald sind die Igelkinder in ihrem Forscherdrang nicht mehr zu bremsen. Ihre Milchzähnchen sind bereits durchgebrochen, und sie beißen auf allem herum, was sie erwischen können. Kleine Nacktschnecken zum Beispiel oder Regenwürmer lassen sich leicht fangen. Mühsamer wird's, wenn man hinter Spinnen oder Ohrwürmern her ist. Und einem davonschwirrenden Nachtfalter oder einem wegspringenden Heupferdchen schauen sie noch recht verdutzt nach.

Allerlei Gefahren

Längst sind die Ausflüge zur Gewohnheit geworden. Die Igelkinder, die abgesehen von der Größe inzwischen wie ihre Mutter aussehen, haben ihre Umgebung gründlich durchforscht. Im Obstgarten haben sie an reifen Birnen genascht und ein paar gackernde Hühner verscheucht. Sie haben den Holzstoß untersucht, sich in Spalten gezwängt und die Gelenkigkeit ihrer Glieder erprobt.

Eines Abends, als ihr Weg sie am Stall vorbeiführt, fährt plötzlich ein Tier auf sie zu, mit heißem Atem und donnernder Stimme. Instinktiv rollen die Igelchen sich ein und stellen die Stacheln kreuz und quer. Nie hat es ihnen die Mutter vorgemacht. Sie wissen einfach, daß sie es tun müssen.

Der Hund kläfft wie verrückt. Er rollt die pieksenden Kugeln hin und her und versucht, hineinzubeißen. Aber hundert spitze Nadeln bohren sich in seine empfindliche Schnauze. Winselnd weicht er zurück. Der Eifer, den Feind zu erlegen, steigert sich in Raserei. Der Hund keucht vor Anstrengung und bellt, was das Zeug hält. Aber der Feind gibt sich nicht zu erkennen, hält sich still hinter seinem Bollwerk aus Stacheln. Schließlich tritt der Hund den Rückzug an, mit blutiger Nase und eingekniffenem Schwanz.

Als die Igelkinder sich nach einer Weile wieder aufrollen, sind sie quietschfidel und putzmunter. Das soll ihnen mal einer nachmachen. So klein und schon einen Hund in die Flucht geschlagen! Zwitschernd und trillernd wuseln sie hinter Weißfleck her, die auf die große Wiese hinter dem Bauernhof zustrebt. Diese erstreckt sich in einer Senke bis zum Waldrand, den man in der Dämmerung nur noch als dunklen Saum erkennen kann. Das Gras steht kurz vor der zweiten Mahd und ist ein Tummelplatz für hunderterlei Arten von Insekten. Igel finden hier einen reich gedeckten Tisch.

Am Fuße der Senke fließt der Wiesenbach. Das Ufer ist mit dicken Polstern aus Kuckuckslichtnelken, Moos und Hahnenfuß bewachsen. Im hohen Gras hat Weißfleck die

Gefahr nicht erkannt. Sie rutscht ab und fällt ins Wasser. So etwas kann selbst einer erfahrenen Igelmutter passieren. Die Igelkinder drängen sich am Rand zusammen und äugen neugierig hinunter. Platsch, ist das nächste hineingefallen. Jetzt bloß den Kopf oben behalten und kräftig mit den Beinchen paddeln. Weißfleck, die sich gerade wieder die Böschung hinaufarbeiten wollte, kehrt um und packt ihr Kleines am Kragen. Halb schiebend, halb ziehend hievt sie es aus dem Wasser und sich hinterdrein.

Soviel Aufregung in einer Nacht. Doch einen Igel kann das nicht erschüttern. Und so sieht man Weißfleck und ihre Jungen noch bis zur Morgendämmerung ihrer gewohnten Beschäftigung nachgehen: Futter suchen und Fressen.

Nestbau und andere »Spiele«

Etwa acht Wochen nach der Geburt gibt Weißfleck ihren Jungen mit Knuffen und Bissen zu verstehen, daß sie sich jetzt vollends selbständig machen müssen. Von nun an gehen Mutter und Kinder ihrer eigenen Wege.

Eine Zeitlang bleiben die Igelgeschwister noch zusammen. Vor allem zum Schlafen kuscheln sie sich gerne aneinander. Das hält schön warm. Ihre erste Unterkunft haben sie unter dem Brombeergestrüpp gefunden, wo auch schon ihre Kinderstube lag. Bis sie nämlich ein Nest so recht nach Igelart zustande bringen, warm und winddicht, stabil gebaut und zudem noch ordentlich gefügt, da gehört schon einige Übung dazu.

So spielen die Jungigel das Nestbauspiel. Eifrig schleppen sie Stöckchen, Grashalme, Pflanzenstengel, Papierfetzen, Kunststoffschnitzel und anderes im Mäulchen herbei und stopfen es in irgendeinen Winkel. Zuerst sieht das noch recht locker und zerrupft aus, aber je länger sie spielen, desto besser läuft es mit dem Nestbau. Bis zum Winteranfang müssen sie ihn beherrschen.

Ein anderes Spiel ist das Kampfspiel. Unter Quietschen und Fauchen boxen sie sich und messen ihre Kräfte. Schiebend und stemmend versuchen sie einander beiseite zu drängen. Sie schnappen

nach Füßen, Bauch und Ohren und kneifen sich gegenseitig. Wer sich am geschicktesten zur Wehr setzt, steckt am wenigsten Knüffe ein. So üben sie die Kampftechniken, die sie später bei Auseinandersetzungen mit Rivalen oder mit unerwünschten Liebhabern führen müssen.

Nach wie vor trippeln sie in der Dämmerung im Gänsemarsch los und gehen auf Futtersuche. Mit der Jagd klappt es inzwischen schon recht gut. Und weil bereits die zweiten Zähne nachwachsen, fressen die Jungigel mehr oder weniger das gleiche wie die Erwachsenen – wenn sie die Beute erwischen.

Immer mal wieder kommt auch Schnauf in ihre Gegend. Sie tun allerdings besser daran, ihm auszuweichen, denn er schert sich keinen Deut darum, daß er es mit dem eigenen Nachwuchs zu tun hat. Für ihn sind seine Kinder die gleichen Störenfriede wie jeder andere Igel auch. Fauchend und drohend attackiert er sie so lange, bis sie den gebührenden Abstand wahren. Wehe dem Igelkind, das sich nicht unverzüglich belehren läßt, wer hier der Stärkere ist. Es bezieht nicht nur Prügel, sondern kann übel mißhandelt werden. Bei Igeln herrschen nun einmal rauhe Sitten.

Langsam geht das Jahr dem Ende zu. Es ist Anfang Oktober. Die Nächte sind länger und kühler, die Insekten weniger geworden. Für die Jungigel, aber auch für ihre Eltern wird es immer schwieriger, genügend Futter zu finden. Dabei müssen sie gerade jetzt, wo es auf den Winter zugeht, sich noch soviel Speck wie möglich anfressen. Da kommt ihnen alles recht. Fallobst liegt überreif oder angefault einfach so im Gras herum und schmeckt gerade deswegen besonders gut. Fett kann man davon allerdings nicht werden, auch nicht von Pilzen oder Beeren. Sie sind nur Zusatz - nahrung. Und so gewöhnen sich die Jungigel an, regelmäßig auf dem Hof vorbeizugehen und nachzusehen, ob Hund oder Katze in ihrem Freßnapf etwas übrig gelassen haben.

Der tiefe Schlaf

Es ist November. Der Herbst hat die Blätter erst bunt gefärbt, dann von den Bäumen gestreift. Die Wiesen haben ihr schmutziggelbes Winterkleid angelegt.

Die Gärten liegen aufgeräumt nebeneinander. Und die Igel haben das Bedürfnis, sich schlafen zu legen.
Unsere Igelgeschwister sind noch immer zusammen. Allerdings gibt es nur mehr vier. Es passierte bei einem der letzten Ausflüge. Bis dahin wußten sie nicht, daß sie sich vor den stinkenden Krachmachern, die sie im Hof ein- und ausfahren sahen, fürchten müssen. Als sich nun beim Überqueren der Straße plötzlich mit entsetzlichem Radau ein blendendes Licht auf sie stürzte, machten sie das, was sie bei drohender Gefahr immer tun: Sie igelten sich ein. Doch diesmal nützte es ihnen nichts. Das Auto sauste vorbei, und als es weg war, lag eines der Igelchen tot da.
Indessen naht der Winter mit Riesenschritten. Eine Stelle für ihr Nest haben die Jungigel schon. Unter der Brombeerhecke sind sie vor Wind und Wetter geschützt. Jetzt müssen sie es nur noch winterfest machen. Sie sammeln Laub, das ja in Mengen herumliegt. Sie rupfen Gras und Moos aus und tragen alles zu einem großen Haufen zusammen. Dann wühlen sie sich mitten hinein und drehen sich solange im Kreis, bis alles schön festgetrampelt ist. Mit ihren Stacheln haben sie dabei die Wände glatt gekämmt. Nun liegen die Blätter wie Schuppen übereinander und schützen gut gegen Zugluft und Eiseskälte. Es ist ein komfortabler Bau und fest gefügt, auch wenn er von außen wie ein unordentlicher Laubhaufen aussieht.
Danach sind die Igelgeschwister nur noch ein paar Nächte auf Futtersuche. Sie verschmähen auch nicht das kleinste Würmchen oder Spinnlein, um sich einige zusätzliche Gramm Fett anzufressen. Schließlich ist es so frostig, daß sie gar keine Lust mehr haben aufzustehen. Sie rollen sich zusammen und fallen, dicht aneinandergedrückt, in einen tiefen Schlaf.
Und wenn sie den Winter über nicht gestört werden, durch einen besonders starken Frost zum Beispiel oder durch die Unvorsichtigkeit von Menschen, die in dem Laubhaufen herumstochern, dann wachen sie wahrscheinlich erst Ende März wieder auf, und ein neues Igeljahr beginnt.

IGELSCHUTZ UND IGELHILFE – RICHTIG GEMACHT

Wie Sie dem Igel so helfen können, daß ihm auch wirklich geholfen ist, vom igelfreundlichen Garten, der Pflege von Findelkindern, dem Überwintern im Haus bis zum Wiederaussetzen in die freie Natur.

Der igelgerechte Garten

Am wirkungsvollsten helfen wir dem Igel, wenn er Lebensraum vorfindet – und zwar geeigneten und ausreichend großen. In der freien Wildbahn gibt es immer weniger Orte, wo ein Igel gut leben kann. Im Wald werden Dickichte ausgeräumt und durch schnurgerade Reihen von Nadelbäumen ersetzt, zwischen denen der Igel keine Verstecke mehr findet. Dichtbewachsene Fluß- und Bachauen verschwinden, weil die Gewässer begradigt und in Beton gefaßt werden. Äcker und Feldränder, an denen Igel ihre Nahrung suchen, sind mit Unkraut- und Insektenvernichtungsmitteln vergiftet.
Dagegen bieten dörfliche und vorstädtische Siedlungen mit vielen Gärten dem Igel eigentlich genau das, was er an Lebensraum bevorzugt: eine stark strukturierte und kleinräumig gegliederte »Landschaft«. Deshalb wurde er regelrecht zum Kulturfolger. Tatsächlich gibt es bei uns mehr Igel in Gartensiedlungen als in der freien, unbesiedelten Natur.
Viele Gärten sind aber nur auf den ersten Blick gute Igellebensräume. Bei genauerem Hinsehen erweisen sie sich als vielfältige Quelle von Gefahren für den Igel. Wenn Sie also Gartenbesitzer sind und wirklich etwas für die Igel tun wollen, sollten Sie bei der Gestaltung und Pflege Ihres Gartens einige wichtige Punkte berücksichtigen.

Nur mal fühlen, wie spitz Igelstacheln eigentlich sind!

Pflanzenschutzmittel

Der Einsatz chemischer Schädlingsbekämpfungsmittel, zum Beispiel das vielfach verwendete Schneckenkorn, ist nicht nur der Schnecken, sondern auch des Igels Tod. Da Igel die vergifteten Schnecken fressen, gelangt das Gift in ihren Organismus. Selbst wenn sie nicht gleich daran sterben, reichert es sich doch mit der Zeit in ihrem Körper an und macht ihn schwach und anfällig für Krankheiten. Das gleiche gilt auch für viele andere chemische Substanzen. Greifen Sie deshalb zu alternativen Methoden und werden Sie zum Biogärtner. Tips und Anleitungen zur biologischen Schädlingsbekämpfung finden Sie in zahlreichen einschlägigen Büchern (→Bücher und Adressen, Seite 95). Entfernen Sie auch alle toten Schnecken, die Sie in Ihrem Garten finden. Vielleicht verwendet einer Ihrer Nachbarn noch »chemische Keulen«, und die Schnecken sind Ihnen schon vergiftet zugewandert.

Gefahrenquellen

Ertrinken: Viele Igel sterben jedes Jahr durch Ertrinken in Swimmingpools, Gartenteichen oder anderen Gewässern ohne geeignete Ausstiege. Igel können zwar schwimmen, aber nicht an senkrechten glatten Wänden aus dem Wasser klettern. Oft genügt als Rettungsfloß ein Holz- oder Styroporstück, das auf der Wasseroberfläche treibt. Besser ist, am Rand des Pools oder des steilwandigen Gartenteichs ein Brettchen oder eine »Hühnerleiter« schräg anzubringen (→Zeichnung, Seite 70).

Verletzen: Wenn Sie Ihren Komposthaufen umsetzen wollen, untersuchen Sie ihn zuerst vorsichtig, bevor Sie mit der Gabel kräftig hineinstechen. Ein Igel könnte ihn zum Quartier auserkoren haben. Auch das herbstliche Abbrennen von Laubhäufen wurde schon so manchem Igel, der sich darin häuslich eingerichtet hatte, zur tödlichen Falle. Eine andere Gefahrenquelle sind Netze, zum Beispiel das Volleyball-Netz oder eines, mit dem Sie Ihren Swimmingpool gegen Verunreinigungen abdecken. Wenn so ein Netz aufgerollt herumliegt, können Igel leicht in seinen Maschen hängenbleiben und sich bei den verzweifelten Versuchen, sich daraus zu befreien, verletzen. Lassen Sie es lieber nicht in einer Gartenecke liegen, sondern bringen Sie es in den Keller oder hängen Sie es zumindest hoch.

In solchen Quartieren siedeln Igel sich gern im Garten an.

Abstürzen: Achten Sie darauf, daß Brunnen oder Lichtschächte von Kellerfenstern abgedeckt sind.

Ein ungestörter Platz zum Nestbau

Die meisten Gartenbesitzer bei uns legen zuviel Ordnungssinn an den Tag, wenn es um die Pflege ihres Gartens geht. Da wird das Laub gerecht, der Heckenschnitt weggeräumt und unter Büschen sprießender Unterwuchs ausgelichtet. Und der Igel findet keinen Platz mehr, an dem er sich ein ruhiges Tagesnest oder ein geschütztes, warmes Winterschlafnest einrichten kann, von Nistmaterial ganz zu schweigen. Nun ist es nicht jedermanns Sache, den geliebten Garten völlig verwildern zu lassen. Der Mittelweg, den der Igelfreund gehen kann, ist die »überlegte Unordnung«.

Rettender Ausstieg für einen in Teich oder Pool gefallenen Igel.

So können Sie in hinteren Ecken und Winkeln des Gartens das Herbstlaub liegen lassen, den Heckenschnitt unter die Hecke kehren, den Kaminholzstapel zum Verheizen nicht ganz bis zum Boden abbauen und so weiter. Wem auch das noch zu unordentlich ist, der kann dem Igel auch künstliche Unterschlupfe anbieten, ähnlich wie man den Vögeln Nistkästen in die Bäume hängt. Im Fachhandel gibt es vorgefertigte Igel-Nestkisten zu kaufen. Man kann sie aber auch mit einfachen Mitteln selber bauen. Einige alte Ziegelsteine als Wände aufeinandergestellt und ein Holzbrett als Dach darübergelegt, ergibt eine prima Igelhöhle. Oder ein breiteres Brett schräg gegen eine Hauswand gelehnt und mit einigen Steinen gegen Abrutschen gesichert, einen Armvoll Zweige daruntergeschoben, und schon kann ein Igel einziehen (→Fotos, Seite 69).

Sie werden sich sicherlich freuen, wenn ein Igel einen ihm angebotenen Nestplatz akzeptiert hat. Aber bitte lassen Sie ihn dort in Ruhe! Vor allem Weibchen mit Kinderstuben sind äußerst störungsempfindlich. Sie können mit Auszug oder sogar mit Verlassen ihrer Jungen reagieren (→rechts).

Mit so einem igelgerechten Garten werden Sie nicht lange auf Igel warten müssen und sie sicher gern beobachten sowie fotografieren wollen. Allerdings müssen Sie viel Geduld aufbringen, da Igel beim Klicken des Fotoapparats sofort das Stachelvisier hinunterlassen (→Seite 86).

Findelkinder aufziehen

Schon lange wollten Sie in Ihrem Garten aufräumen, vor allem den Verhau aus Überresten vom letzten Umbau, Reisig und üppig wucherndem Unkraut in der hinteren Ecke. Schwungvoll tragen Sie Lage für Lage ab und – stoßen unversehens auf ein Igelnest mit Jungen.

Nicht anrühren oder mitnehmen?

Decken Sie das Nest sofort wieder zu! Ziehen Sie sich dann ruhig zurück und vermeiden Sie jede weitere Störung. Es könnte sonst sein, daß das irritierte Muttertier seine Jungen verläßt, schlimmstenfalls sogar auffrißt.

Rühren Sie selbst dann nichts an, wenn es den Anschein hat, als sei die Igelin verschwunden oder tot. Igelmütter sind nämlich durchaus nicht immer im Nest, sondern lassen ihre Jungen oft stundenlang allein.

Kriechen hingegen ein oder mehrere Igelsäuglinge fiepend am Boden herum, sollten Sie das Nest etwa eine Stunde lang aus gebührendem Abstand ruhig beobachten. Nur wenn in dieser Zeit das Muttertier nicht erschienen ist, brauchen die Kleinen Ihre Hilfe. Aber denken Sie daran: Bereits bei der geringsten Unruhe zeigt sich eine Igelmutter nicht.

Ausnahme: Nur wenn Sie im Herbst, etwa ab Anfang Oktober, einen Wurf Igeljunge finden sollten, die zwar noch von

der Mutter betreut werden, aber weniger als 200 g wiegen, dürfen Sie helfend eingreifen. Diese Tierchen haben kaum eine Chance, den Winter zu überleben, ob mit oder ohne Mutter, da sie sich unmöglich in der kurzen ihnen noch verbleibenden Zeit bis zum Einbruch der Kälte das nötige Körpergewicht anfuttern können (→Das Phänomen Winterschlaf, Seite 40).
Wichtiger Hinweis: Igelsäuglinge aufzupäppeln und großzuziehen ist ein ungemein mühsames und zeitaufwendiges Unterfangen, das sehr viel persönlichen Einsatz verlangt – und keineswegs immer gelingt! Generell kann man sagen, daß der Versuch, noch blinde Igelbabys am Leben zu erhalten, fast aussichtslos ist. Besser stehen die Chancen, wenn die Igelchen bereits braune Stacheln haben, also etwa ab ihrem 15. Lebenstag. Die ersten sechs bis acht Wochen sind aber in jedem Fall recht schwierig.
Überlegen Sie es sich also gut, ob Sie bereit sind, für einige Wochen alle übrigen Interessen hintanzustellen und sich ganz Ihren Pflegekindern zu widmen, für die Sie ja auch eine Verantwortung übernommen haben. Besonders diejenigen, die in der Igelaufzucht noch unerfahren sind, müssen mit Fehlschlägen rechnen. Wenn Sie die mühevolle Aufzuchtarbeit nicht selber übernehmen wollen oder können, rate ich Ihnen, die hilfsbedürftigen Igelchen lieber in erfahrene Hände zu geben, zum Beispiel in eine Igelstation. Adressen solcher Stationen oder von Organisationen, die Ihnen weiterhelfen, finden Sie auf Seite 95.

Erste Maßnahmen
Aufgefundene Igelchen sollten Sie zuerst auf Fliegenmaden oder -eier untersuchen, zum Beispiel an eventuellen Wundrändern oder an Augen, Nase, Mund oder After, denn diese können die Igelbabys bei lebendigem Leib auffressen (→Seite 37).
Dann brauchen die Igelchen schleunigst ein warmes Nest, da sie zumeist stark unterkühlt und geschwächt sind. Füllen Sie eine Wärmflasche mit warmem (nicht heißem!) Wasser, legen Sie sie in einen Korb oder eine Schachtel, decken Sie weiche Tücher darüber und setzen Sie die Tierchen hinein. Ein Heizkissen, das Sie auf die niedrigste Stufe stellen, erfüllt den gleichen Zweck. Achten Sie darauf, daß es in dem Nest nicht mehr als 25 °C warm wird, da bei höheren Temperaturen die Igelbabys sehr rasch austrocknen.

Ernährung
Um es vorweg zu sagen: Einen vollwertigen Ersatz für die Muttermilch gibt es nicht. Denn nur sie enthält neben der für

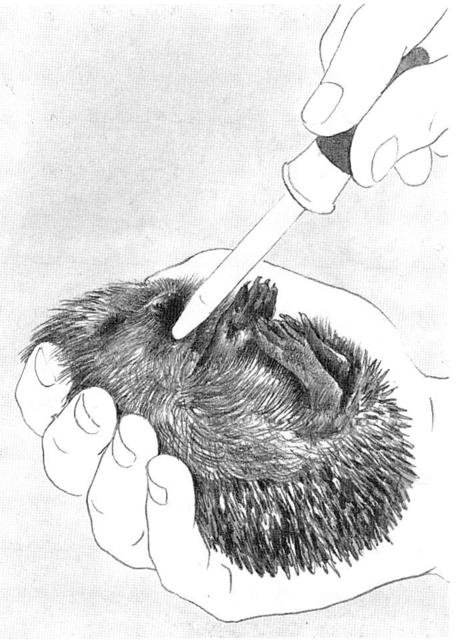

Ein Igelbaby füttert man am besten mit einer dicken Pipette.

Igelkinder optimalen Zusammensetzung von Nähr- und Mineralstoffen igelspezifische immunisierende Eiweißstoffe. Fehlen diese in der Ernährung, werden die Igeljungen sehr infektionsanfällig.
Es gibt dennoch verschiedene Rezepturen und Empfehlungen, mit denen eine künstliche Aufzucht bereits geklappt hat. Doch nicht alle Igeljungen vertragen eine bestimmte Ersatzmilch gleich gut. Da hilft nur Ausprobieren.
Nahrung: In den ersten zwei Lebenswochen hat sich teiladaptierte Säuglingsnahrung (Anfangsmilch) bewährt; sie wird nach Vorschrift auf der Packung angerührt. Auch eine Mischung aus Schlagsahne und Fencheltee im Verhältnis 1:1 mit einer Prise Schlämmkreide *(Calcium carbonicum)* wurde verschiedentlich mit

Erfolg verabreicht. Am besten ist Milchpulver, wie es Hundezüchter zur Welpenaufzucht verwenden (Esbilac oder Welpi-Lac, im Zoofachhandel erhältlich). Es wird mit Fenchel- oder Kamillentee angerührt.

Wichtiger Hinweis: Keine Kuhmilch zusetzen, da sie für Igelsäuglinge nicht verträglich ist. Mit Schafs- oder Ziegenmilch konnte man hingegen gelegentlich Erfolge verzeichnen.

Füttern: Die Ersatzmilch füttert man am besten mit einem Puppenmilchfläschchen oder einer dicken Pipette. Vor Benutzung wie für Babys sterilisieren! Die Milch muß handwarm sein. Nun halten Sie das Igelbaby so, daß es auf dem Rücken liegt, schieben ihm den Sauger oder die Pipettenspitze vorsichtig ins Mäulchen und lassen Tropfen für Tropfen hineinlaufen. Das kann sich anfangs recht zeitaufwendig gestalten, vor allem, wenn Sie mehrere Babys zu betreuen haben. Aber bald lernen die Kleinen die Prozedur kennen und saugen von selber an der künstlichen Milchquelle.

In den ersten Lebenswochen ist es auch ganz wichtig, Verdauungstätigkeit und Ausscheidung durch sanfte Massagen anzuregen. Normalerweise macht das die Igelmutter mit ihrer Zunge. Nun müssen Sie es besorgen, indem Sie nach jeder Fütterung am besten mit einem weichen Pinsel oder Wattestäbchen über After und Geschlechtsteil streichen. Zumeist reagieren die Jungen darauf recht prompt. Wischen Sie die Ausscheidungen mit einem Wattebausch ab, um Hautreizungen und Wundwerden vorzubeugen.

Fütterungszeiten: In den ersten vierzehn Lebenstagen braucht ein Igelchen alle zwei Stunden eine Mahlzeit. Rund um die Uhr wohlgemerkt, also auch während der Nacht. Danach kann man den Zeitraum zwischen zwei Fütterungen auf drei bis vier Stunden ausdehnen.

Gewichtskontrolle: Über die Menge der Nahrung kann man ebensowenig eine allgemeingültige Aussage machen wie über die Art der Nahrung. Sie müssen selbst ausprobieren, wieviel Ihr Igelbaby braucht. Qualität und Menge des Futters stimmen, wenn das Igelchen langsam, aber stetig zunimmt. Kontrollieren Sie also täglich die Gewichtszunahme. Bei normaler Entwicklung sollte sich das Geburtsgewicht (es schwankt je nach Größe des Wurfs zwischen 12 bis 24 g) in der ersten Lebenswoche verdoppeln, bis zur 6. Woche verzehnfachen.

Entwöhnen: Ab der 3. Woche werden die Igelkinder langsam auf Breinahrung umgestellt. Dicken Sie die bisher gefütterte Ersatzmilch nach und nach immer mehr mit Kindernährbrei an (zum Beispiel Grießbrei mit Honig) und gewöhnen Sie gleichzeitig die Igelchen an die selbständige Nahrungsaufnahme aus einem Schälchen. Dazu brauchen Sie viel Geduld. Nehmen diese den Brei auf, können Sie etwas zerdrückte Banane, ein Eigelb oder auch Gläschennahrung (für Kleinkinder) untermischen, zum Beispiel Leber, Kalb- oder Hühnerfleisch.

Da ab der 3. Woche die Zähnchen erscheinen, darf die angebotene Nahrung langsam auch gröbere Bestandteile enthalten. Mischen Sie zunächst winzige(!) Bröckchen von Kalb- oder Rinderhackfleisch oder von gekochtem Geflügelfleisch in den Brei. Bieten Sie sie geduldig immer wieder an, auch wenn die kleinen Igel sie anfangs unwillig aus dem Napf hinausbefördern. Sie werden schon lernen, die feste Nahrung zu kauen und zu schlukken. Dennoch sollten Sie darauf achten, daß sich die Igelchen nicht übernehmen und ihnen ein zu großer Brocken im Hals stecken bleibt. Sie könnten daran ersticken.

Milch kann ab der 6. Woche abgesetzt werden. Als Flüssigkeit genügt übergangsweise Fenchel- oder Kamillentee, dann Wasser. (In der Natur hören Igelkinder mit 42 bis 44 Tagen ganz zu saugen auf.) Sobald es mit dem selbständigen Fressen klappt, stellt man Schritt für Schritt auf »erwachsene« Igelkost um, am besten auf Hunde- oder Katzenfutter.

Gesundheitsstörungen

Eine Gesundheitsstörung zeigt sich am deutlichsten an der Beschaffenheit des Kots, der bei Säuglingen im Normalfall aus eigenartig türkisgrünen, geformten Knöllchen besteht, und am Gewicht. Nimmt ein Igeljunges über mehrere Tage nicht zu oder gar ab, ist es krank. Dann muß ihm sachkundige Hilfe zuteil werden. Wenden Sie sich im Zweifelsfall an den Tierarzt. Warten Sie damit aber nicht zu lange, da ein so kleiner Organismus nur über geringe Abwehrkräfte verfügt.

Bei leichtem Durchfall (breiiger Kot) Tierkohle dem Futter beimengen oder schwarzen Tee einflößen. Wenn nach zwei Tagen keine Besserung eintritt beziehungsweise der Kot flüssig oder schleimig wird, auf jeden Fall den Tierarzt aufsuchen. Kotprobe mitbringen.

Kotprobe: Sie ist generell anzuraten, vor allem, wenn Sie Ihre Schützlinge erst als Jungigel aufgenommen haben. Sie können nämlich bereits von Lungen- oder Darmparasiten befallen sein. Wird ein solcher Befall festgestellt, muß sofort eine Behandlung eingeleitet werden. Parasiten beeinträchtigen nicht nur die Entwicklung eines Jungigels, sie können, wenn sie überhand nehmen, schnell zu seinem Tod führen.

Aussetzen

Hat die Aufzucht geklappt und ist unter Ihrer Pflege aus dem Igelkind ein »Teenager« (mit etwa 7 Wochen) geworden, sollten Sie sich über das Freilassen Gedanken machen. Auch wenn Ihnen der kleine Kerl längst ans Herz gewachsen ist, dürfen Sie ihn nicht länger als nötig in Ihrer Obhut behalten. Denken Sie daran: Der Igel ist ein geschütztes Tier! Geben Sie ihm jetzt die Chance, ein normales Igelleben zu führen und sich fortzupflanzen.

Der richtige Zeitpunkt: Er ist dann gegeben, wenn der Igel gesund und kräftig ist, genügend Gewicht auf die Waage bringt und die geeignete Witterung herrscht (→Das Wiederaussetzen des Pfleglings, Seite 88). Für einen jungen Igel ist es wichtig, daß er sich bis Anfang September ein Gewicht von mindestens 600 g angefuttert hat, dann können Sie ihn getrost noch im Herbst aussetzen. Helfen Sie ihm über die erste Zeit in Freiheit mit Zufüttern hinweg. Schließlich muß er erst lernen, sich seine Nahrung unter natürlichen Bedingungen zu suchen.

Igelsäuglinge hingegen, die Sie im Spätsommer oder Herbst aufgenommen haben, müssen im Haus überwintern und können erst im nächsten Mai bis spätestens nach den Eisheiligen ausgesetzt werden.

Noch keine acht Tage alt ist dieses Igelchen.

Einige Stunden nach der Geburt spitzen schon die Stacheln heraus.

Gesetzliche Schutzbestimmungen

Die Bundesrepublik Deutschland kann auf über 50 Jahre gesetzlichen Igelschutz zurückblicken. Derzeit gilt das Bundesnaturschutzgesetz vom 1. Januar 1987. Nach § 20 f dieses Gesetzes ist der Igel als wildlebende, einheimische Säugetierart, die nicht dem Jagdrecht unterliegt, »besonders geschützt«. Es ist nicht nur untersagt, ihn zu fangen, zu verletzen oder zu töten, man darf auch seine Unterschlupfe und Nester nicht beschädigen oder zerstören. Darüber hinaus ist es verboten, ihn »durch Aufsuchen, Filmen, Fotografieren usw. in seiner Lebensweise zu stören«. Außerdem darf man ihn nicht »in Besitz nehmen«. (Diese Bestimmungen gelten übrigens nicht nur für den Igel, sondern für alle »besonders geschützten« Tiere, also für nahezu alle bei uns heimischen, wildlebenden Arten.) Im Klartext heißt das: Wer Igel fängt oder gar tötet, kann mit Geld- oder sogar Freiheitsstrafen belangt werden.

Allerdings läßt § 20 g Abs.4 bezüglich des Besitzverbots einige Ausnahmen zu. Als solche Ausnahmen gelten hilfsbedürftige Igel, die man während der Wintermonate artgerecht (!) hält und pflegt. Solche Igel dürfen aber nicht vor dem 1. November aus der Natur entnommen werden und das auch nur, wenn sie unter 500 g wiegen, nachweislich krank oder verletzt sind. Im späten Frühjahr (nach den Eisheiligen) müssen sie wieder in die Freiheit entlassen werden, wenn möglich in der Nähe des Fundorts (→Das Wiederaussetzen des Pfleglings, Seite 88).

Nach § 10 der Bundesartenschutzverordnung vom 18. September 1989 sollten Sie auch zur vorübergehenden Betreuung eines geschützten Wildtiers »ausreichende Kenntnis über die Haltung und Pflege« dieses Tiers haben. Seine Unterbringung muß ebenfalls den tierschutzrechtlichen Bestimmungen genügen.

Nach § 10 Abs. 2 muß die Aufnahme eines geschützten Wildtiers unverzüglich schriftlich der örtlichen Naturschutzbehörde gemeldet werden. Diese erteilt auch Rat und Informationen. Die Adressen finden Sie bei den Kreisverwaltungen oder auch über die Polizei.

Auch in der Schweiz ist der Igel seit 1962 durch das Bundesgesetz über Jagd- und Vogelschutz unter ganzjährigen Schutz gestellt. Er darf auch dort, außer zur vorübergehenden Pflege, nicht in Gefangenschaft gehalten werden.

Für die Republik Österreich gibt es zwar noch kein gemeinsames Tierschutzgesetz, doch auch dort ist festgelegt, daß Kleinsäuger, die den allgemeinen Naturschutzgesetzen unterliegen wie zum Beispiel der Igel, nur zur zeitlich begrenzten Pflege in Obhut genommen werden dürfen. Leider stehen seit 1984 sowohl der Braunbrust- wie der Weißbrustigel (→Seite 45 und 46), auf der »Roten Liste gefährdeter Tiere Österreichs«. Auch in den meisten anderen europäischen Ländern steht der Igel ganzjährig unter Naturschutz, je nach Gesetzeslage mehr oder weniger streng.

Igel als Hausgäste überwintern

Immer wieder gibt es sogenannte Tierfreunde, die im Herbst wahllos alle Stachelfracks einsammeln, derer sie habhaft werden, um sie über den Winter zu »retten«. Das ist bei uns nicht nur per Gesetz verboten(→links), sondern auch verantwortungslos, da es den Igeln mehr schadet als nützt. Ein ausgewachsener, gesunder Igel kann sehr gut allein überwintern. Im Laufe ihrer langen stammesgeschichtlichen Entwicklung (→Seite 43) haben diese Tiere in ihrer Lebensweise, ihren körperlichen Fähigkeiten und ihrem instinktiven Verhalten sich darauf eingestellt, die kalten Wintermonate in einem Winterschlaf zu überdauern. Wäre es nicht so, gäbe es längst keine Igel mehr. Wenn jedoch ein Igel ohne menschliche Hilfe nicht mehr lange leben würde, ist seine Rettung ein schöner Akt des Mitgefühls und Engagements für das Tier als unser Mitgeschöpf.

Welche Igel brauchen Hilfe?

- Igel, die krank oder verletzt sind. Die Art der Erkrankung kann gewöhnlich nur der Tierarzt feststellen. Sie können lediglich den allgemeinen Zustand des Igels (Schwäche, Apathie) als Indiz für eine Erkrankung nehmen (→Fotos, Seite 81). Zur Aufnahme und Pflege kranker oder verletzter Igel erfahren Sie mehr im Kapitel »Erste Hilfe« auf Seite 81.

• Igel mit zu wenig Gewicht. Das Mindestgewicht für eine Überwinterung wurde lange Zeit viel zu hoch angesetzt. Heute geht man von 500 g aus, die der Igel Anfang November mindestens wiegen muß. Grundsätzlich können auch noch leichtere Igel den Winter überstehen, nur sinken ihre Chancen mit jedem Gramm »Untergewicht« rapide.

Was als erstes zu tun ist

• Versorgen Sie zuerst etwaige Wunden, wie es im Kapitel »Erste Hilfe für verletzte und kranke Igel«, Seite 81 beschrieben ist.

• Wirkt ein Igel apathisch und zeigt er kaum mehr Abwehrreaktionen, ist er unterkühlt und muß schleunigst in einem Nest mit einer Wärmflasche oder in einem gut geheizten Raum aufgewärmt werden. Genaueres darüber finden Sie im Kapitel »Findelkinder aufziehen« auf Seite 70.

• Wiegen Sie Ihren Findling, um festzustellen, ob er wirklich ein zu geringes Gewicht hat zum Überwintern in der Natur. Vor allem wer keine große Igel-Erfahrung hat, kann sich in bezug auf das Gewicht gewaltig verschätzen. Wenn der Igel in guter Verfassung und deutlich schwerer als 500 g ist, bringen Sie ihn ohne lange Verzögerung an den Fundort zurück. Wiegt er weniger und Sie behalten ihn, notieren Sie sein Gewicht, damit Sie im weiteren eine Kontrolle über seine Entwicklung haben.

• Als nächstes sollten Sie den Igel von seinen Parasiten befreien. Wie Sie Flöhen und Milben den Garaus machen, ist auf Seite 79 beschrieben. Zecken werden mit einer Pinzette abgezupft. Setzen Sie dabei die Pinzette möglichst nahe an der Haut an, damit Sie den Kopf der Zecke mit herausziehen. Aber Vorsicht! Leider ist es schon oft genug vorgekommen, daß die bei beiden Geschlechtern vorhandenen Zitzen mit Zecken verwechselt wurden (→Foto, Seite 89 oben).

• Bringen Sie sobald wie möglich eine Kotprobe (Kot 2 bis 3 Tage sammeln) zum Tierarzt, in ein Parasitologisches Institut oder in eine Igelstation, die für Kotuntersuchungen qualifiziert ist (→Adressen, Seite 95). Es ist nämlich sehr wichtig, auch die Innenparasiten zu bekämpfen, selbst wenn der Igel zunächst keine Krankheitszeichen oder Schwächung erkennen läßt. Eine Schädigung durch Innenschmarotzer führt oft erst nach Wochen zum Verfall und dann zum Tod (→Seite 37 und 82).

Unterbringung

Igel sind ihrer Natur nach Einzelgänger. Erwachsene Igel dürfen Sie daher nicht miteinander unterbringen, jeder braucht sein eigenes Quartier. Nur Jungigel, die aus einem Wurf stammen, können bis zur Geschlechtsreife zusammenbleiben. In der Natur kuscheln sich Geschwister auch noch einige Monate nach dem Selbständigwerden zum Schlafen gern aneinander und verbringen sogar ihren ersten Winterschlaf häufig in einem gemeinsamen Winternest. Unter erwachsenen Igeln, die keine Möglichkeit haben, sich aus dem Weg zu gehen, kann es hingegen leicht zu Beißereien kommen. Setzt man einen Neuzugang zu einem schon länger betreuten Igel dazu, besteht außerdem die Gefahr, daß Krankheiten und Parasiten übertragen werden.

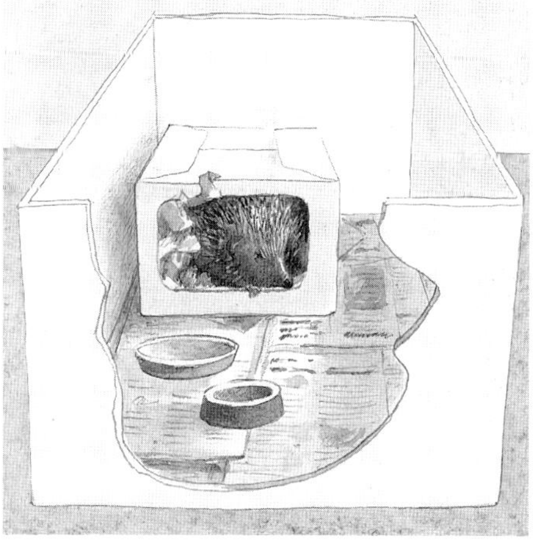

Eine große Kiste mit Schlafhäuschen dient im Haus als Igelquartier.

Standort: Igel sind wärmeliebende Tiere und vertragen keine anhaltende Kälte oder Feuchtigkeit, besonders nicht, wenn sie noch jung oder gesundheitlich geschwächt sind. Wählen Sie also für den Standort des Igelquartiers einen vor Zugluft geschützten Platz in einem warmen Raum. Ideal ist ein gut belüftbarer, ruhiger Raum mit Tageslicht, in dem die Bodentemperatur nicht unter 16 °C sinkt. Im Winter sollte die Raumtemperatur allerdings nicht über 20 °C liegen.

Auslauf: Er kann gar nicht groß genug sein. Mindestens sollte er aber 2 qm betragen. Bei einem Igel, der zu wenig Bewegungsfreiheit hat, zeigen sich nach einigen Wochen Lähmungserscheinungen an den Gliedmaßen. Eine Badewanne, ein Karton oder Terrarienglas als ständiger Aufenthaltsort ist also üble Tierquälerei! Kann man seinem Saisongast kein ganzes Zimmer zur Verfügung stellen, umgibt man den ihm zugebilligten Auslauf mit Wänden aus Holz oder Spanplatten, die mindestens 40 cm hoch sind. Igel klettern erstaunlich gut und machen schnell ein Hobby daraus, niedrigere Umzäunungen zu überwinden. Benützen Sie keinen Maschendraht, denn daran würde sich der Igel verletzen.

Auch der Boden darf auf keinen Fall aus Maschendraht oder Gitterstäben bestehen, denn die Füße des Igels sind empfindlich, reißen leicht auf oder werden wund. Legen Sie am besten mehrere Lagen Zeitungspapier unter. Das läßt sich bei der täglichen(!) Reinigung mitsamt Kot oder Futterresten schnell entfernen und durch frisches ersetzen.

Schlafhaus: Stellen Sie in den Auslauf ein Schlafhaus. Es muß oben geschlossen sein, damit sich der Igel geborgen fühlt. Nach unten ist es am besten offen. So kann es zur Reinigung und nötigenfalls zur Kontrolle des Bewohners einfach abgehoben werden. Gut geeignet ist eine Schachtel aus starkem Karton, etwa 25 x 20 x 15 cm groß, zum Beispiel ein Schuhkarton, in den seitlich ein 12 x 12 cm weites Schlupfloch geschnitten wird. Das Schlafhaus auf eine wärmeisolierende Unterlage stellen, etwa auf ein Holzbrett oder mehrere Lagen Karton. Ungeeignet ist Styropor, denn Igel zerbeißen es und verschlucken die Krümel.

Für die Inneneinrichtung des Schlafhauses nehmen Sie am besten zerknülltes Zeitungspapier und alte Lappen. Heu oder Laub faulen schnell, Holzwolle ist wegen der Behandlung mit Chemikalien schädlich. Außerdem bleibt solches Füllmaterial hoffnungslos in den Stacheln hängen und wird überall hingeschleppt. Für gewöhnlich lieben es Igel, ihr Schlafhaus bis oben hin vollgestopft zu haben. Man wundert sich regelrecht, wie sie selbst darin noch Platz finden. Manche Igel zerkleinern sogar die im Auslauf ausgelegte Zeitung und tragen sie in ihr Nest. Legen Sie deswegen einige zusätzliche zerknüllte Papierbögen vor das Schlafhaus. Dann kann sich Ihr Stachelfrack nach Belieben selber bedienen.

Aus dem eben Gesagten ergibt sich, daß Sie einem Igel mit einer möglichst geräumigen Schlafhöhle keinen Gefallen tun. Sie sollte nur etwa doppelt so groß sein wie der Igel selbst. Und stellen Sie das Häuschen nicht direkt an den Rand des Geheges, sonst kann der Igel es als Trittbrett benützen und über die Umzäunung klettern. Obwohl die meisten Igel ihre Schlafhöhle einigermaßen sauber halten, sollten Sie sie sicherheitshalber täglich

So kann man einen eingerollten Igel hochnehmen, ohne sich zu pieksen.

kontrollieren und mindestens wöchentlich das Füllmaterial erneuern. Auch wenn der Igel sein Geschäft nur außerhalb macht, trägt er an seinen Füßen doch Kot und Futterreste hinein.
Futternäpfe: Die Einrichtung des Igelquartiers wird komplettiert durch zwei flache, standfeste Näpfe, einen für Futter und einen für Wasser.

So geht's auch: Das Handtuch darüberlegen, den Igel hochheben und umdrehen.

Ernährung

Die richtige Ernährung ist das A und O für ein gutes Gedeihen Ihres Igelpfleglings. Igel sind Insektenfresser, die man weder nur mit Filetstückchen und Tatar noch ausschließlich mit Gemüseabfällen füttern kann. Das bedeutet nun aber nicht, daß Sie eine eigene Mehlwurm-, Grillen- und Fliegenzucht beginnen müssen, um Ihren Hausigel ernähren zu können.

Was ein Igel frißt

• Dosenfutter für Katzen oder Hunde hat sich als Ersatznahrung bestens bewährt und ist problemlos erhältlich. Die für den Igel notwendigen Vitamine und Mineralstoffe sind darin bereits in der richtigen Dosierung enthalten.

• Als Abwechslung für zwischendurch und in kleinen Mengen (1 bis 2 Eßlöffel) ist geeignet: gekochtes Hühnerklein, Quark, hartgekochtes Ei, Trockenfutter für Katzen, Gliedertiere wie Asseln oder Tausendfüßer, Mehlwürmer, ein Stückchen Banane, ungeschwefelte(!) Rosinen, gekochtes Hühnerherz oder etwas grätenfreier Tiefkühlfisch. Dazu täglich eine Messerspitze vitaminisierten Futterkalk (unter den Handelsnamen Osspulvit oder Vitossan im Tierfachhandel erhältlich).

Wichtig: Nichts von all dem ausschließlich verfüttern! Dies würde in kürzester Zeit zu gravierenden Mangelerscheinungen führen. Auch das von vielen Zoohandlungen angebotene »Igelfutter« ist nicht als alleiniges Aufzuchtfutter brauchbar, sondern nur als Zusatzfutter.

Futter niemals direkt aus dem Kühlschrank verfüttern; es muß immer Zimmertemperatur haben. Außerdem muß dem Igel auch immer frisches(!) Wasser zur Verfügung stehen.

Wann ein Igel frißt

Igel sind Nachttiere. Darum fressen auch im Haus gepflegte Tiere ihr Futter meist erst am Abend oder nachts. Wenn Sie das Futter schon tagsüber hinstellen, kann es passieren, daß der Igel achtlos hindurchläuft, es verkleckert und seine ganze Behausung damit verschmiert, bis er abends endlich Appetit verspürt. Nur kleine Jungtiere und sehr stark geschwächte und abgemagerte Pfleglinge müssen auch tagsüber etwas Nahrung in mehreren kleinen Portionen erhalten.

Wieviel ein Igel frißt

Die Futtermenge richtet sich natürlich nach seiner Größe und seinem Gewicht. Für einen heranwachsenden Igel genügen täglich 1 bis 2 gehäufte Eßlöffel festen Futters. Auch wenn Ihr Igel mit großem Appetit alles verschlingt, was Sie ihm hinstellen, lassen Sie sich nicht dazu verleiten, ihm immer

mehr anzubieten und ihn damit schließlich regelrecht zu mästen. Eine übermäßige Verfettung ist für ihn genauso schädlich wie für uns Menschen.
Wieviel speziell Ihr Igel nötig hat, finden Sie heraus, indem Sie ihn einmal pro Woche auf die Waage setzen. Noch nicht ausgewachsen darf er etwa 50 g in der Woche zunehmen. Hat er mit 800 bis 1000 g sein Idealgewicht erreicht, sollte eine weitere Gewichtszunahme tunlichst vermieden werden. Ausnahme sind Igel, die in einer Gegend mit langen, harten Wintern leben. Für sie gilt ein Normalgewicht von 1200 bis 1400 g.
In der einschlägigen Literatur tauchen immer wieder Igel auf, die bei häuslicher Pflege Rekordgewichte bis zu 2000 g erreicht haben. Das zeugt jedoch von falsch verstandener Tierliebe. Ein nicht überfütterter, nicht zu dicker Stachelfrack bleibt aktiv und ist in der Regel viel gesünder und widerstandsfähiger als ein fett gemästeter und dadurch faul gewordener Igel.

Was ein Igel nicht fressen soll
Seltsamerweise entwickeln manche Igel in Menschenobhut einen recht merkwürdigen Geschmack und wählen auch Dinge zu ihrer Lieblingsspeise, die sie gar nicht vertragen. Die verbreitete Ansicht, daß Tiere am besten selbst wissen, was ihnen gut tut, ist leider falsch. Bleiben Sie auch bei einem vorübergehenden Hungerstreik Ihres Pfleglings hart und reichen Sie ihm nur die ihm bekömmliche Kost.
Ungeeignet sind
- Speisereste vom Familientisch, ganz besonders gewürzte Speisen, Kuchen, Schokolade oder andere Süßspeisen.
- Milch, auch verdünnte. Der in der Kuhmilch enthaltene Milchzucker bringt das Verdauungssystem des Igels durcheinander und führt zu Durchfall.
- Eingesammelte Regenwürmer oder Schnecken. Diese Weichtiere sind nämlich Zwischenwirte für die Larven der Lungen- und Darmparasiten des Igels. So kann sich ein zuvor medikamentös von seinen Parasiten befreiter Igel sehr schnell wieder neue Schmarotzer holen.

Gesundheitskontrollen

Kot: Seine Beschaffenheit ist das beste Gesundheitsbarometer für den Igel. Der Kot eines gesunden Igels ist dunkelbraun bis schwarz, fest und zu kleinen Würstchen geformt. Breiiger oder dünnflüssiger, grünlicher Kot weist auf Durchfall hin. Bessert er sich nicht innerhalb von 2 bis 3 Tagen oder findet sich gar Blut im Kot, sollten Sie den Igel schleunigst einem Tierarzt vorstellen.
Gewicht: Geringfügige und kurzzeitige Gewichtsschwankungen sind bei erwachsenen Igeln völlig normal. Ein plötzlich einsetzender und über längere Zeit anhaltender Gewichtsverlust hingegen weist auf eine Gesundheitsstörung hin. Zum Beispiel verursacht eine plötzliche Vermehrung von Darm-Saugwürmern und deren Einwanderung in die Gallengänge oft einen rapiden Ge-

Der Futternapf sollte flach sein, damit er nicht so leicht umkippt.

Nach einem fetten Mehlwurm schnappt ein Igel sofort.

wichtsverlust. Bei nicht oder zu spät behandelten Tieren führt dies rasch zum Tod. Schieben Sie also den Gang zum Tierarzt nicht lang hinaus.

Allgemeine äußere Erscheinung: Fell und Stacheln eines Igels sollen glatt und glänzend aussehen. Ein stumpfes, struppig wirkendes Fell oder ein vermehrter Ausfall von Stacheln läßt auf einen Mangel an Vitaminen und Spurenelementen schließen. Lähmungserscheinungen können auf mangelnde Bewegung oder auf eine unausgewogene Ernährung und Mineralstoffmangel zurückzuführen sein. Lassen Sie sich vom Tierarzt oder von einem Mitarbeiter einer Igelstation beraten, was Sie zur Abhilfe tun können.

Füße: Bisweilen kommt es vor, daß ein »Hausigel« plötzlich stark angeschwollene Zehen oder Füße hat, zum Teil sogar mit eiternden Wunden. Ursache sind gewöhnlich auf dem Boden liegende Menschenhaare, die sich dem herumlaufenden Igel um die Zehen wickeln und diese schließlich abschnüren. Es entstehen winzige Wunden, die sich durch anhaftenden Kot und anderen Schmutz infizieren. Schneiden Sie die Haare vorsichtig mit einer spitzen Schere durch und zupfen Sie sie mit einer Pinzette ab. Dann versorgen Sie die Wundflächen, wie auf Seite 82 beschrieben.

Zähne und Zahnfleisch: Vor allem bei älteren Igeln kommt es häufig zu einer vermehrten Zahnsteinbildung, deren Folge Zahnfleischentzündungen und Vereiterungen sind sowie lockere Zähne, die schließlich ausfallen. Man erkennt eine solche Erkrankung an einem ständig schaumigen und vor allem übelriechenden Speichel (nicht mit dem Speichelschaum beim igeltypischen Selbstbespeicheln zu verwechseln, →Seite 39). Die Behandlung muß der Tierarzt vornehmen.

Krallen: Hat ein Igel im Haus zu wenig Auslauf oder ist seine Auslauffläche nicht rauh genug, werden seine Krallen nicht im gleichen Maß abgenutzt, in dem sie ständig nachwachsen. Sie werden immer länger, behindern den Igel beim Laufen, führen zu Entzündungen

Wie man einen Igel badet

- *Füllen Sie ein Handwaschbecken oder, besser noch, eine große Kunststoffschüssel mit steilem Rand gerade mit soviel warmem Wasser (34 bis 36°C), daß der Igel nicht mit dem Kopf untertaucht.*
- *Verzichten Sie auf einen Zusatz von Seife oder Shampoo, auch Chemikalien gegen Ungeziefer schaden nur.*
- *Geben Sie höchstens Alugan (nach Anweisung auf der Packung) dazu, denn das hilft auch gut gegen die in der Igelhaut sitzenden Milben.*
- *Setzen Sie den Igel bis zum Hals in die Wanne. Wenn er zusammengerollt ist, wird er sich im Wasser sofort aufrollen und hinausstreben. Sie müssen ihn also gut festhalten. Spülen Sie auch den Kopf des Igels mehrere Male mit einem Becher oder mit der hohlen Hand. Schmutzverkrustete Stellen sollten Sie mit einem weichen Bürstchen reinigen. Die Flöhe werden herausgeschwemmt und schwimmen dann auf der Wasseroberfläche. Baden Sie den Igel möglichst gründlich, damit Sie die Prozedur nicht wiederholen müssen. Besonders begeistert ist er nämlich nicht darüber.*
- *Nach dem Baden muß der Igel in einem warmen und vor allem zugfreien Raum trocknen können, damit er sich keine Erkältung holt.*

des Krallenbetts, schließlich rollen sich die äußeren Krallen einwärts und bohren sich in die Fußballen. Kürzen Sie die Krallenspitzen mit einer Nagelzange so, daß eine schräge Spitze entsteht. Aber Vorsicht, damit Sie die in die Kralle hineinreichenden Blutgefäße und Krallennerven nicht verletzen. Als Anhaltspunkt nehmen Sie die zweite Hinterfußkralle (von innen gezählt): sie ist von Natur aus die längste und mißt bei einem erwachsenen Igel im Freiland 15 mm. Alle übrigen Krallen sind etwas kürzer.

Winterschlaf im Haus – ja oder nein?

Hat man einen untergewichtigen Kostgänger im Herbst aufgenommen, muß man ihn natürlich so lange durchfüttern, bis er ein Gewicht erreicht hat, das ihm einen Winterschlaf erlaubt. Ob in der freien Natur oder im Haus, jeder Tag des Winterschlafs kostet den Igel große Mengen an körperlichen Reservestoffen. Solange Sie noch am Aufpäppeln sind, müssen Sie den Igel warm und damit wach halten. Sonst frißt er ja nichts und kann folglich auch nicht zunehmen. Hat er ein Gewicht von mindestens 500 g, besser 700 bis 800 g erreicht und ist in einem guten Gesundheitszustand, kann man versuchen, ihn zu einem Winterschlaf zu veranlassen. So mancher im Haus gehaltene Igel allerdings läßt nicht die geringste Bereitschaft dazu erkennen. Es sei hier betont, daß es der Gesundheit eines Igels in keinster Weise schadet, wenn er in warmer Umgebung keinen Winterschlaf hält.

Winterschlafbereitschaft: Zeichen dafür sind zunehmende Lethargie und gleichzeitig vermehrte Nestbautätigkeit. Manche Igel verstopfen schon mal probeweise das Schlupfloch ihres Schlafhauses mit Nestmaterial. Bringen Sie den Igel mitsamt seinem Zuhause zunächst einmal in eine etwas kühlere Umgebung, stellen Sie ihm aber weiterhin Futter und Wasser hin. Bieten Sie ihm zusätzliches Nestmaterial an, ausrangierte Wollsocken, zerknülltes Zeitungspapier oder auch trockenes Laub. Es ist ganz normal und kein Grund zur Beunruhigung, daß ein Igel für einige Tage keine Nahrung mehr zu sich nimmt, bevor er in tiefen Winterschlaf fällt.

Temperatur: Soll es nicht nur ein »Winternickerchen«, sondern ein echter Winterschlaf werden, muß das Schlafquartier wirklich kalt (aber trokken) stehen. In modernen Wohnungen, selbst in Kellern, sind die Räume dafür in der Regel zu warm. Geeigneter sind überdachte Balkone, Terrassenecken, Geräteschuppen oder ungeheizte, gut durchlüftete Keller. Die Temperatur an diesen Orten darf ruhig unter 0 °C fallen, sofern die Schlafhöhle des Igels gut gegen Kälte isoliert ist (vor allem am Boden). Dagegen ist es für einen winterschlafenden Igel schlecht, wenn die Temperatur anhal-

In so einem Korb läßt ein Igel sich gut transportieren.

tend knapp über 6 °C ansteigt. Denn zwischen etwa 8 bis 12 °C verfallen Igel oft in eine Art Dämmerzustand, in dem ihr Stoffwechsel nicht richtig verlangsamt ist, sie aber auch keine Nahrung zu sich nehmen können. Das verbraucht unverhältnismäßig viele Körperreserven.

Aufwachphasen: Ein winterschlafender Igel wacht normalerweise einige Male zwischendurch auf. Das ist auch in der freien Natur so. Bei strenger Kälte allerdings bleibt er dabei tunlichst in seinem Nest. Wenn es die Außentemperatur zuläßt, kommt er dagegen kurzzeitig heraus, entleert Darm und Blase und frißt, sofern er etwas vorfindet. Stellen Sie Ihrem Igel also auch während seines Winterschlafs Trockenfutter (gehackte Nüsse, Rosinen, Garnelenschrot oder Trockenfutter für Katzen) sowie Trinkwasser bereit. Je wärmer die Umgebung wird und je hungriger der Igel gegen das Frühjahr zu ist, desto kürzer werden seine Schlafintervalle. Verzehrt er das Futter täglich, heißt das, daß er nicht mehr länger winterschlafbereit ist. Dann muß der Igel wieder in den warmen Raum zurückgebracht und gefüttert werden, auch wenn der Kalender noch Winter zeigt. In der Regel schlafen die bei häuslicher Pflege und guter Fütterung gehaltenen Igel, wenn überhaupt, sehr viel kürzer als ihre Artgenossen im Freiland. Die Schlafdauer reicht von einigen Tagen bis höchstens etwa 3 Monaten, während es die Igel in der Natur auf 5 bis 6 Monate bringen (müssen).

Als allgemeine Regeln gelten für im Haus überwinterte Igel:

- Versuchen Sie nicht, das Tier zu einem Winterschlaf zu »nötigen«, indem Sie es kalt unterbringen und das Füttern einstellen. Die Bereitschaft dazu wird nämlich nicht nur von äußeren Verhältnissen gesteuert, sondern hängt auch vom Hormonhaushalt des einzelnen Igels ab (→Das Phänomen Winterschlaf, Seite 40).
- Hindern Sie andererseits ein Tier, das von sich aus alle Anstalten macht, in Winterschlaf zu fallen und sich schon deutlich kühl anfühlt, nicht daran, indem Sie es künstlich wieder erwärmen. (Eine Ausnahme hierbei macht ein junger oder geschwächter Igel, der noch weniger als 500 g wiegt.) Das Argument, von einem immer nur schlafenden Igel habe man als Pfleger nicht viel, zeugt von einer recht eigennützigen, falsch verstandenen Tierliebe. Vielmehr sollte man den Winterschlaf eines Gastigels insofern begrüßen, als er dann nicht soviel Kontakt zu den Menschen hat, daher nicht so pflegegewöhnt und -verwöhnt wird und folglich bessere Chancen hat, sich nach seiner Wiederfreilassung als Wildtier zu behaupten.

Ein kranker Igel (o.l. und u.) hat eingefallene Flanken und einen deutlich sichtbaren Knick in der Nackenlinie. Zum Vergleich dazu ein gesunder Igel (o.r.).

Erste Hilfe für verletzte und kranke Igel

Wenn Sie bei einem Spaziergang am hellichten Tag auf einen herumlaufenden Igel stoßen, sollten Sie genau hinschauen. Vielleicht wurde er nur zufällig von seinem Tagesschlafplatz aufgescheucht. Doch meistens ist irgend etwas mit ihm nicht in Ordnung. Es könnte sich um einen verletzten oder kranken Igel handeln, der ohne Hilfeleistung in der Natur nicht mehr lange überlebt. Bei folgenden Indizien ist Ihr helfendes Eingreifen erforderlich:

- ein unsicherer, stolpernder oder schwankender Gang,

- eine nur schwache oder gar nicht gezeigte Abwehrreaktion, wenn Sie sich ihm nähern,
- eine abgemagerte Figur mit geraden Flankenlinien und einer deutlichen Einbuchtung in der Linie zwischen Kopf und Rücken (→Fotos, Seite 81),
- trübe und oft tief eingesunkene Augen.

Möglicherweise ist Ihr Findling zu alledem bereits unterkühlt. Das spüren Sie sofort, wenn Sie ihn am Bauch anfassen und er sich kälter anfühlt als Ihre (normal warme) Hand. In diesem Fall ist die erste Hilfsmaßnahme, den Igel aufzuwärmen. Wickeln Sie ihn am besten sofort in irgend etwas Warmes ein, notfalls in Ihren Pullover.

Muttertier mit Jungen

Bevor Sie einen so offensichtlich hilfsbedürftigen Igel zur vorübergehenden Pflege mit nach Hause nehmen, sollten Sie vor allem im Sommer zuerst noch nachschauen, ob es sich bei Ihrem Findling um ein Männchen oder ein Weibchen handelt (→Seite 84). Ein Weibchen könnte nämlich gerade einen Wurf Junge zu betreuen haben. Suchen Sie also die Umgebung der Fundstelle nach einem Igelnest ab. Hungrige Jungigel machen sich meist recht lautstark durch Fiepen oder Zwitschern bemerkbar oder kriechen auf der Suche nach der Mutter im Gras herum. Natürlich müssen Sie in einem solchen Fall den Wurf Jungigel auch mitnehmen. Ist das Muttertier nicht gerade todkrank, kann sie ihre Jungen – unter Ihrer Obhut – selbst weiterbetreuen.

Behandlung durch den Fachmann

Die Behandlung eines ernsthaft verletzten oder kranken Igels gehört in die Hand eines Tierarztes oder eines qualifizierten Mitarbeiters einer Igelstation (→Adressen, Seite 95). Versuchen Sie nicht, selbst eine Diagnose zu stellen, und sehen Sie von eigenmächtigen Heilungsversuchen ab. Und wenn Sie nach dem Besuch beim medizinischen Fachmann die Pflege des kleinen Patienten übernehmen, sollten Sie sich strikt an die tierärztlichen Anweisungen halten. Das gilt natürlich vor allem für die schweren Fälle von äußerlichen Verletzungen, für Knochenbrüche und für organische Krankheiten, die Sie dem Igel ja nicht ansehen können. Viele Tierärzte haben sich heute schon große Erfahrung erworben in der Behandlung des Wildtiers Igel oder wissen zumindest, wo sie im konkreten Fall um Rat fragen können.

Was Sie tun können:

Wenn es sich um leichtere Verletzungen handelt, können Sie durchaus selbst eingreifen.

- Wunden, vor allem entzündete oder eiternde, mit 3%igem Wasserstoffperoxid (aus der Apotheke) reinigen.

Lungenwürmer – wie man sie erkennt und behandelt

Der Befall mit Lungenwürmern läßt sich anhand einer Kotprobe feststellen. Geschlechtsreife Lungenwürmer, die in den Bronchien des Igels leben, setzen bei der Fortpflanzung Larven ab. Diese gelangen über die Luftröhre in den Rachenraum des Igels und werden zusammen mit Nahrung oder Speichel hinuntergeschluckt. Über den Verdauungstrakt landen sie im Kot und damit in der Außenwelt. Auch die Eier des Lungenhaarwurms gelangen auf diese Weise in den Kot und können darin durch spezielle Untersuchungsverfahren festgestellt werden.

Vielfache Erfahrungen und Ergebnisse von Kotuntersuchungen haben erwiesen, daß fast alle im Herbst geschwächt oder untergewichtig aufgenommenen Igel hochgradig von Lungen- und Darmwürmern befallen sind. Eine sofort aufgenommene Behandlung durch einen erfahrenen Tierarzt oder einen qualifizierten Mitarbeiter einer Igelstation ist daher dringend anzuraten.

Bereits sehr geschwächte Igel bekommen eine Spritze. Die anderen läßt man 5 Tage lang Mebendazol schlucken, am besten mit dem Futter. Sie erhalten Mebendazol unter dem Präparatnamen Telmin KH oder Mebenvet in der Apotheke. 2 Wochen nach der Behandlung muß noch einmal eine parasitologische Kontrolluntersuchung durchgeführt werden.

Wichtiger Hinweis: Weder der Lungenwurm noch der Lungenhaarwurm kann vom Igel auf den Menschen übertragen werden, ebensowenig die – nicht so häufigen – Darmsaug- und -haarwürmer. Auch Haustiere sind nicht gefährdet (→Seite 90).

Wenn Hund und Igel zusammenstoßen, zieht meist der Hund den kürzeren.

Eine größere, aber oberflächliche Wunde mit Braunol oder einer anderen Wundsalbe bestreichen. Tiefe Schnittwunden zum Beispiel durch eine Sense, muß allerdings der Tierarzt mit einigen Stichen nähen. Sie heilen beim Igel sehr schlecht von allein, weil sie durch die Bewegung des Sich-Zusammenrollens immer wieder aufgerissen werden.

- Verbrennungen kommen leider auch häufig vor. So werden Igel Opfer von Garten- oder Johannisfeuern, die angezündet wurden, ohne den Haufen vorher zu kontrollieren, oder der vielerorts geübten Praktik, die Stoppelfelder im Herbst abzubrennen. Betupfen Sie die Brandwunden zur Desinfektion mit Wundalkohol und bestreichen Sie sie dann mit Calendula-Salbe oder mit Johanniskrautöl, bis der Heilungsprozeß eingesetzt hat. Oder lassen Sie sich vom Tierarzt eine spezielle Brandwundensalbe geben.
- Maden und Fliegeneier müssen bei der Versorgung von Wunden unbedingt daraus entfernt werden. Fast an allen Wundrändern und Hautekzemen sitzen Fliegenmaden, gelegentlich auch am After, in den Ohrgängen und Augenhöhlen. Igelkinder sind in der Regel besonders stark betroffen. Die Maden vorsichtig mit einer Pinzette entfernen. In die Ohren vorher ein paar Tropfen 3%iges Wasserstoffperoxid träufeln, dann kriechen die Maden bald heraus und können abgeklaubt werden. Unternimmt man gegen die Fliegenmaden nämlich nichts, fressen sie den geschwächten Igel bei lebendigem Leib von innen her auf (→Seite 37).

Zurückbringen oder behalten?

Manchmal geht es dem Igel nach der Erstversorgung seiner Wunden, nach einem gründlichen Aufwärmen oder einer stärkenden Mahlzeit in erstaunlich kurzer Zeit wieder deutlich besser. Sobald er einen gesunden Eindruck macht, müssen Sie ihn in die Natur zurückbringen und zwar möglichst dorthin, wo Sie ihn gefunden haben (→Seite 90).

Hat ein Igel jedoch einen dauerhaften Schaden davongetragen, bleibt Ihnen nichts anderes übrig, als ihn zu behalten oder einer auf Igelpflege spezialisierten Person anzuvertrauen. Ein Igel, der zum Beispiel durch eine Brandverletzung einen Großteil seines Stachelkleids eingebüßt oder nach einem Knochenbruch ein steifes Bein zurückbehalten hat, wird in der freien Wildbahn auf Dauer kaum überlebensfähig sein.

Zum Schluß sei nochmals betont: Ein Igel, der deutlich geschwächt und krank wirkt, aber keine offenkundigen Verletzungen hat, muß zu einem Tierarzt gebracht werden. Versuchen Sie im Interesse Ihres Findlings nicht, selbst an ihm »herumzudoktern«!

Allgemeine Hinweise und Regeln für den Umgang mit Igeln

Sie sind aus welchem Grund auch immer »auf den Igel gekommen«. Nun ist er zu einem Hausgenossen geworden, und Sie müssen sich mit ihm arrangieren. Dazu gebe ich Ihnen im folgenden einige Hinweise, was Sie im Umgang mit Ihrem Pflegling beachten müssen, worauf Sie gefaßt sein und worüber Sie Bescheid wissen sollten.

Männchen oder Weibchen?

In dem Märchen vom »Wettlauf zwischen Hase und Igel« nützt der Swinegel bekanntlich aus, daß seine Frau genauso aussieht wie er. Gemeinsam foppen sie den Hasen so lange, bis dieser sich zu Tode gerannt hat. Tatsächlich unterscheiden sich die Geschlechter weder in Gestalt noch Größe, so daß selbst ein Igelfachmann nicht sagen kann, ob er ein Männchen oder ein Weibchen vor sich hat, wenn er sie von oben betrachtet. Mit einem Blick auf den Igelbauch ist es dagegen ganz einfach, die beiden auseinanderzuhalten. Schwierig ist manchmal nur, den Igel dazu zu bringen, sich zu entrollen, damit man seinen Bauch inspizieren kann (→Zeichnungen, Seite 86).

Beim Männchen ist in der Bauchmitte der Penis als kleiner »Knopf« (der durch die Vorhaut gebildet wird) etwa an der Stelle zu erkennen, wo man den Nabel erwarten würde. Beim erwachsenen Männchen ist zwischen dem Penis und dem After ein Abstand von etwa 6 cm. Die Hoden sind äußerlich nicht zu erkennen.

Beim Weibchen liegt die Öffnung der Scheide etwa 1 cm vom After entfernt.

Beiden Geschlechtern ist noch gemeinsam, daß sie 5 Zitzenpaare seitlich am Bauch haben.

Gegen Flöhe, die einen Igel oft zu Hunderten bewohnen, hilft ein Bad in handwarmem Wasser. Das Tier sorgfältig und gründlich von oben bis unten abspülen, den Kopf aber immer schön draußen halten.

Richtiges Hochnehmen

Solange der Igel noch scheu und nicht an den Umgang mit Menschen gewöhnt ist, rollt er sich bei jeder Annäherung zu einer stachligen Kugel zusammen. Es piekst zwar unangenehm, wenn man in die gespreizten Stacheln hineingreifen muß, doch wenn Sie vorsichtig zulangen, bekommen Sie keine blutigen Finger. Greifen Sie dazu von beiden Seiten unter den Bauch des Igels. Noch fingerschonender geht es mit Lederhandschuhen oder mit einem Frotteetuch (→Fotos, Seite 76 und 77). Wenn beides (zum Beispiel während eines Spaziergangs) nicht zur Hand ist, genügen auch zwei Taschentücher. Wollhandschuhe hingegen nützen nicht sehr viel.

Ist der Igel erst einmal vertraut geworden mit Ihnen, läßt er sich auch leichter hochheben. Ein entspannter, ruhiger Igel trägt seine Stacheln an den Körper angelegt. So können Sie ihm leicht die Hand von der Seite unter die Brust schieben, um ihn aufzunehmen.

Können Igel beißen?

Igel sind sehr unterschiedlich in ihrem Temperament, und entsprechend verschieden ist ihre Reaktion auf die helfende Hand. Manche schnappen energisch nach den Fingern, nicht nur am Anfang, sondern immer wieder, auch noch nach längerer häuslicher Pflege. An-

dere beißen nie ernsthaft zu. Am besten, Sie vermeiden in der ersten Zeit nach der Aufnahme, dem Igel Ihre Hand direkt vor die Nase zu halten.
Ein Igel beißt als Abwehrreaktion und wenn er Hunger hat. Es entspricht seinem natürlichen Verhalten, ein Beutestück (auch ein vermeintliches) so lange festzuhalten, bis es aufgehört hat zu zappeln. Deswegen versuchen Sie besser nicht sich loszureißen, wenn der Igel tatsächlich einmal Ihren Finger oder Fuß erwischt hat. Halten Sie lieber still und warten Sie, bis er von selber seinen Biß lokkert und schließlich losläßt. In der Regel hinterlassen die Igelzähnchen nur tiefe Eindrücke in der Haut. An einer empfindlicheren Stelle kann es indessen vereinzelt auch zu einer blutenden Verletzung kommen.
Spielerische Freundschaftsbisse hingegen gehören zum normalen Verhaltensrepertoire des Igels. Während vor allem junge Igel das Beißen beim Herumbalgen mit den Geschwistern üben, wofür dann der Pfleger herhalten muß, zeigt ein erwachsener Igel durch solch einen Freundschaftsbiß sein Wohlbefinden oder seine Kontaktbereitschaft. Das tut nicht weiter weh, da den Igel unter »guten Bekannten« eine angeborene Beißhemmung am festen Zupacken hindert.
Wichtiger Hinweis: Wegen möglicher Verletzungen durch Stiche und Bisse ist ein wirksamer Tetanus-Impfschutz (Auffrischung alle 5 Jahre) unumgänglich (→Seite 90).

Gut Abtrocknen ist notwendig, damit sich der Igel nicht erkältet.

Werden Igel zahm?

Igel sind ausgesprochene Individualisten. Manche sind anfangs sehr schreckhaft und scheu und brauchen viel Geduld, bis sie allmählich ihre Angst verlieren. Schritt für Schritt das Vertrauen des kleinen Wildtiers zu gewinnen kann eine sehr schöne Erfahrung sein. Gehört Ihr Igel jedoch zu denen, die ihre Angst vor Menschen gar nicht ablegen, dürfen Sie ihm nicht gram sein. Er kann eben nicht anders.
Die meisten Igel lernen die Personen, die sie betreuen, recht genau zu unterscheiden, manche kennen sie sogar an ihren Stimmen auseinander. Viele, vor allem junge Igel, suchen nach der Eingewöhnungszeit sogar den Kontakt mit »ihren« Menschen und genießen es sichtlich, wenn sie gekrault oder auf dem Arm oder Schoß gehalten werden. Auch an andere Haustiere gewöhnen sich die meisten Igel rasch.
Wichtiger Hinweis: Bedenken Sie bei aller Freude über ein zutrauliches Tier immer, daß Sie Ihrem Schützling nur ein vorübergehendes Quartier bieten und er danach in der freien

Natur wieder auf sich angewiesen ist. Ein Igel, der unter Ihrer Obhut die Scheu vor Hunden verloren hat, kann später dadurch in große Gefahr geraten.

Und noch etwas an dieser Stelle: Dankbarkeit und Undankbarkeit sind Begriffe für menschliche Empfindungen. Sie können nicht auf die Reaktionen von Tieren angewendet werden. Es wäre völlig verfehlt, von einem Igel, mit dem Sie sich viel Mühe gegeben haben, Dankbarkeit zu erwarten. Er kann sich ja nicht vorstellen, wie es ihm ohne Ihre Hilfe ergangen wäre.

Geräuschempfindlichkeit

Igel hören viel besser als wir. Sie nehmen nicht nur so leise Töne wahr, die das menschliche Ohr nicht mehr aufnimmt, sondern auch höhere Frequenzen (→Hören, Seite 30). Offenbar reagieren sie auf die oberen, hochfrequenten Töne empfindlicher als auf die tieferen. Besonders schreckhaft reagieren sie auf schrille Geräusche wie Gläserklirren oder Türklingeln. Auch das Klicken eines Kameraverschlusses läßt die meisten Igel blitzartig zusammenzucken und die Stirnstacheln nach vorne ziehen – zum Leidwesen des Fotografen oft schneller als die eingestellte Belichtungszeit.

Das Schnalzen mit der Zunge oder den Lippen, beispielsweise um Ihren Pflegeigel anzulocken, gehört ebenso zu den Geräuschen, die er gar nicht mag. Schmatzen Sie lieber leise, oder rufen Sie den Igel mit ruhiger, gedämpfter Stimme bei seinem Namen (den Sie ihm sicherlich längst gegeben haben).

Gefahren beim Auslauf in der Wohnung

Wer seinem Igel für die Dauer seines Aufenthalts nicht ein eigenes Zimmer zur Verfügung stellen kann, sollte ihm regelmäßig in der ganzen Wohnung Auslauf gewähren. Ein Gehege mit der empfohlenen Größe von 2 qm als alleiniger Auslauf ist zu klein.

Lassen Sie den Igel am besten abends frei laufen, wenn er von sich aus am aktivsten ist. Sobald er seine erste Scheu überwunden hat, wird er mit großem Eifer alle erreichbaren Winkel und Gegenstände untersuchen. Währenddessen sollten Sie ihn möglichst im Auge behalten, damit er nicht zu Schaden kommt.

Feststecken: Igel zwängen sich gern in jede Spalte, die sie finden können, und sei sie noch so schmal, vorzugsweise unter oder hinter Schränken, in Lükken zwischen Wand und Abflußrohr, zwischen vermeintlich engstehende Bücher und so fort. Dabei passiert es immer wieder, daß sich ihre Stacheln verspreizen und sie feststecken. Ist Ihr freilaufender Igel eines Abends verschwunden und auch durch nachhaltiges Suchen nicht wieder auffindbar, können Sie mit folgendem Trick feststellen, ob er in der Klemme steckt oder nur einen besonders verborgenen Schlupfwinkel entdeckt hat. Stellen Sie ihm über Nacht Futter hin. Finden Sie den Futternapf am nächsten Morgen leer vor, wissen Sie, daß es ihm gut geht. Ist das Futter aber unberührt, sitzt er irgendwo fest.

Suchen Sie dann auch in Spalten, von denen Sie schwören würden, daß sich ein Igel dort auf keinen Fall hindurchzwängen kann. Wenn er will, kann sich ein Igel so platt wie eine Flunder machen. Und su-

Beim Männchen (links) ist der Penis als kleiner Knopf in Nabelhöhe zu erkennen. Beim Weibchen (rechts) liegt die Öffnung der Scheide etwa 1 cm vom After entfernt.

chen Sie nicht nur am Boden. Im Klettern sind Igel wahre Akrobaten. Kaum ein Igelpfleger, der nicht schon an den unwahrscheinlichsten Stellen fündig geworden ist.
Treten: Manche Igel sind so mit ihren Pflegepersonen vertraut, daß sie ihnen auf Schritt und Tritt nachlaufen – vor allem, wenn sie Hunger haben. Daran sollten Sie denken, damit Sie nicht einen unkontrollierten Schritt nach rückwärts machen und dabei versehentlich auf Ihren Igel treten.
Einquetschen: Auch unaufmerksam und zu schwungvoll geschlossene Türen können für einen freilaufenden Igel eine Gefahrenquelle sein. Allzu leicht wird er dabei eingequetscht. Sagen Sie auch den anderen Familienmitgliedern oder anwesenden Personen Bescheid, wenn Sie den Igel in der Wohnung laufen lassen.
Fressen und Zerbeißen: Achten Sie darauf, daß der Igel auf seinen Erkundungstouren durch die Wohnung nichts Unbekömmliches frißt. Geruchsintensive Dinge interessieren ihn ganz besonders. Er kaut genüßlich darauf herum, bis sein Speichel ganz schaumig ist und nach dem zerkauten Gegenstand riecht. Dann plaziert er den Speichel auf den eigenen Flanken (→Seite 38). Leider zerbeißen Igel auch Dinge, die für sie nicht bekömmlich sind, wie zum Beispiel Tabaksbeutel oder Zigaretten. Dabei besteht die Gefahr einer Nikotinvergiftung, weil der Tabak oft auch verschluckt wird.

Körperpflege

Baden müssen Sie Ihren Igel gewöhnlich nur einmal, nämlich bei der Aufnahme in Ihr Heim. Dabei befreien Sie ihn nicht nur von Schmutz, sondern vor allem von seinen Flöhen (→Seite 79). Eine weitere Reinigungsaktion sollten Sie nur vornehmen, wenn es unbedingt sein muß, und dann immer nur warmes Wasser ohne Zusatz von Seife oder Shampoo verwenden. Erstens liebt ein Igel für gewöhnlich das Baden gar nicht, zweitens können Reinigungsmittel seiner Haut schaden und drittens besteht jedesmal das Risiko, daß sich der nach dem Bad noch feuchte Igel eine Erkältung holt.
Bei regelmäßiger Säuberung seines Quartiers und des Schlafnestes bleibt der Igel in der Regel ausreichend sauber. Nur seine Füße müssen Sie von Zeit zu Zeit mit warmem Wasser von Kot und Futterresten reinigen. In der Natur streift ein Igel sich die Füße regelmäßig im regen- oder taunassen Gras ab. Bei gewissenhafter Reinhaltung verbreitet ein Igel im Haus kaum einen Geruch, zumindest nicht mehr als andere Haustiere auch. Nur bei schwerkranken oder sterbenden Igeln ist oft eine unangenehm starke Ausdünstung festzustellen.

Vorsicht beim Schließen von Türen, wenn der Igel Auslauf hat.

Stubenreinheit

Mit gewissen Einschränkungen kann man sagen, daß Igel durchaus stubenrein werden können. Allerdings zu den von ihnen selbst gewählten Bedingungen. Am einfachsten ist es mit Igeln, die sich selber einen Platz fürs Koten und Harnen wählen und auch beibehalten. In der Regel liegt so ein Platz in einer geschützten Ecke und wird meist umgehend nach dem abendlichen Erwachen aufgesucht. Legen Sie an diese Stelle am besten einen Kartondeckel oder eine andere flache Unterlage, die Sie mit Zeitungspapier auslegen. Das brauchen Sie dann nur regelmäßig zu erneuern.
Leider tun einem längst nicht alle Igel den Gefallen, einen gleichbleibenden Kloplatz zu benützen. Auch muß man einschränkend sagen, daß die

»Klobenützung«, wenn überhaupt, nur bei einem einzeln herumlaufenden Igel funktioniert. Darf noch ein zweiter, egal welchen Geschlechts, gleichzeitig oder auch zeitlich versetzt in denselben Räumen herumspazieren, werden beide Tiere Duftmarken in Form von Harn oder Kot an den verschiedensten Stellen absetzen. Sie markieren damit ihr Areal und hinterlassen für den Artgenossen gleichsam »Geruchsnachrichten«.
Dasselbe passiert, wenn in Ihrer Wohnung neue Gerüche durch Haustiere oder Besucher auftreten: Bei seinem nächsten Spaziergang wird der Igel den Boden zuerst gründlich abschnüffeln und ihn dann mit seinen Exkrementen neu markieren.

Das Wiederaussetzen des Pfleglings

Ist der wochen- oder monatelang betreute Igel schließlich gesund und kräftig genug, um draußen überleben zu können, heißt es Abschied nehmen. Zwar hat man längst sein Herz an den kleinen Kerl verloren, den man mit soviel Mühe gepflegt hat und der inzwischen so zutraulich geworden ist. Doch wie schwer es einem auch fallen mag, als echter Tierfreund bleibt einem keine andere Wahl. Sämtliche Igelschutzmaßnahmen, die privaten wie die gesetzlichen, ha-

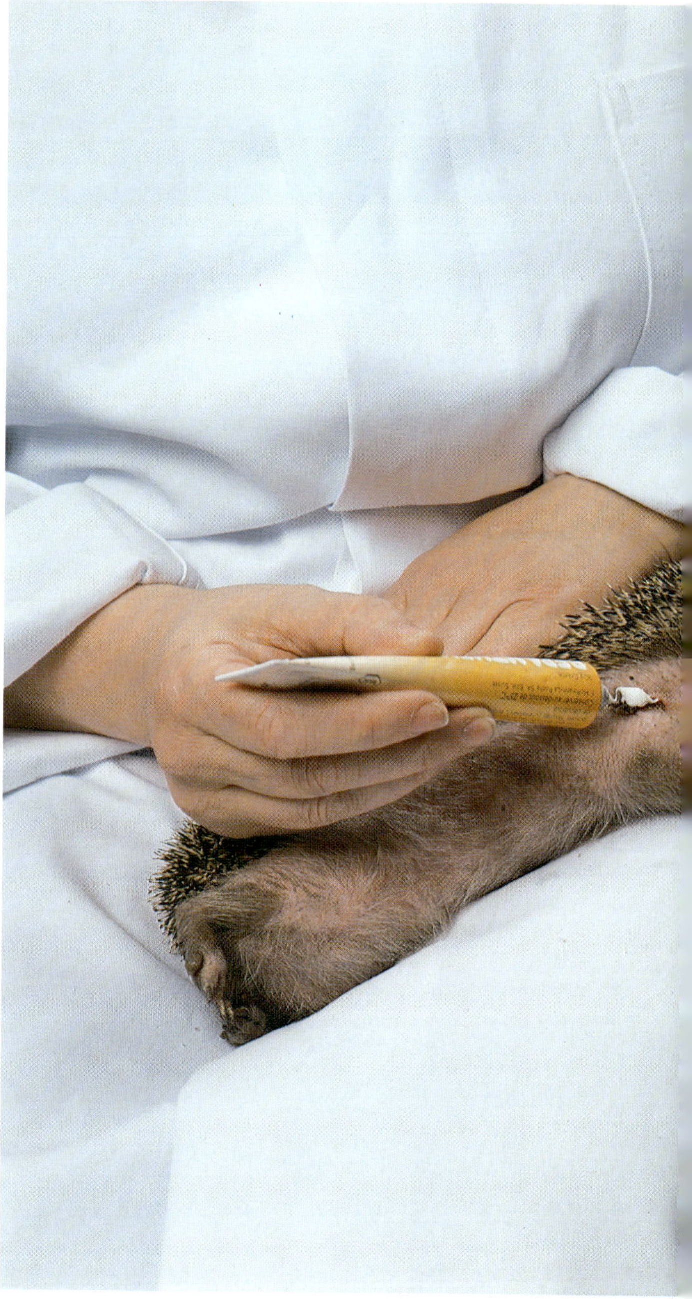

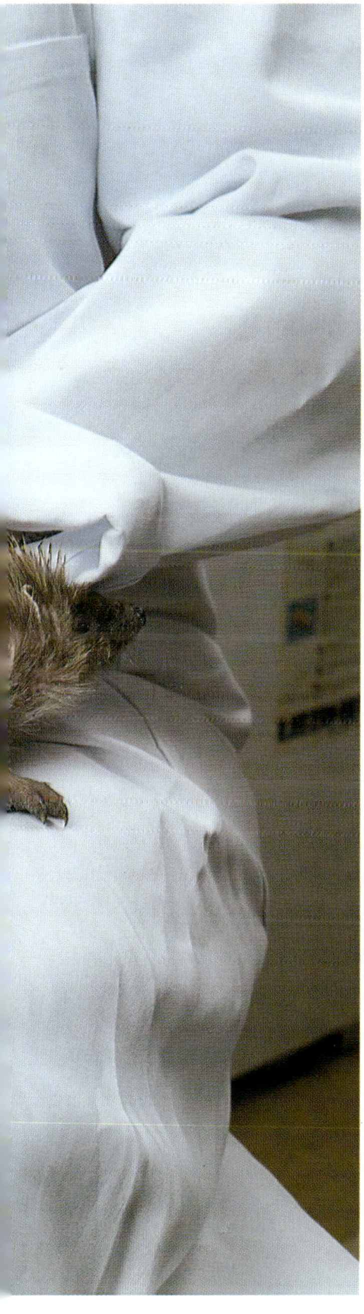

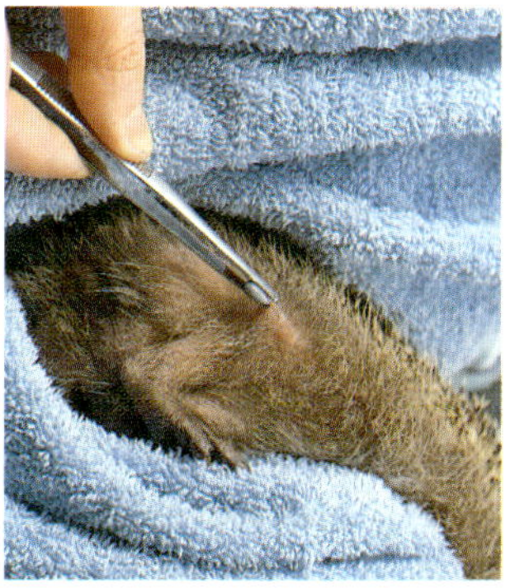

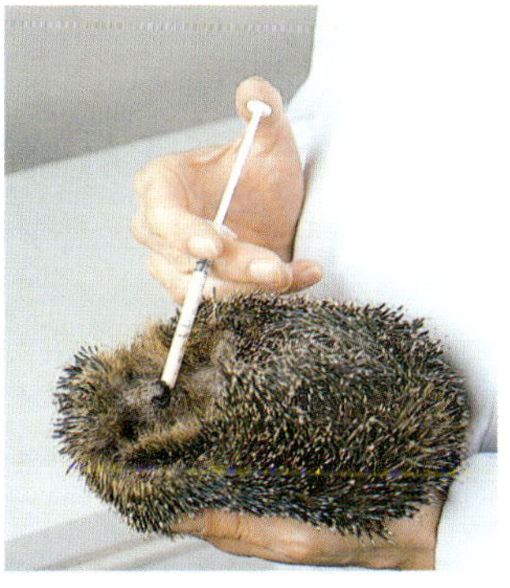

Aufgefundene Igel sollten Sie gründlich nach Verletzungen und Ungeziefer untersuchen. Zecken können Sie mit der Pinzette entfernen (rechts oben). Verwechseln Sie aber nicht die bei Männchen und Weibchen vorhandenen Zitzen mit Zecken. Vom Tierarzt werden größere Wunden versorgt und Medikamente gegen mögliche Krankheiten und innere Parasiten eingegeben.

ben schließlich das alleinige Ziel, den Igelbestand zu erhalten. Dazu muß jeder Igel die Chance haben, ein artgemäßes Leben zu führen, und es muß ihm vor allem die Gelegenheit gegeben werden, einen Geschlechtsgenossen zu finden und sich fortzupflanzen. Natürlich sollten Sie vorher gut überlegen, wann und wo Sie den Igel in die Freiheit zurückbringen.

Der richtige Zeitpunkt

Für das Wiederaussetzen eines Igels müssen drei Bedingungen erfüllt sein:

- Das Tier muß gesund und kräftig sein,
- es muß das richtige Gewicht haben,
- draußen muß eine geeignete Witterung herrschen.

Außerdem gelten noch folgende Gesichtspunkte:

- Hat der Igel bei Ihnen überwintert, sollten Sie in unseren Breiten bis Anfang Mai warten. Im April herrscht meistens naßkaltes Wetter, und nicht selten gibt es Nachtfröste. Überdies sind so früh im Jahr noch sehr wenige Insekten und andere Futtertiere unterwegs. Ist der Frühling besonders kühl oder spät dran, sollten Sie den Termin besser sogar bis nach den »Eisheiligen« verschieben. So um den 20. Mai herum ist es allerdings höchste Zeit, denn der Igel muß ja noch einen Partner für die Fortpflanzung finden.

• Haben Sie einen kranken oder verletzten Igel gesundgepflegt, können Sie ihn das ganze Jahr über aussetzen – mit Ausnahme der Wintermonate natürlich. Zu spät im Herbst beziehungsweise nach dem ersten Schneefall darf es nicht sein, denn der Igel muß noch genug Zeit haben, sich an einem geeigneten Platz sein Winternest zu bauen. Dasselbe gilt für verwaiste Jungigel, die Sie mit der Hand aufgezogen haben. Erfolgreich überwintern können Igel bereits mit 500 g Körpergewicht. Besser ist allerdings, sie bringen 700 bis 1000 g auf die Waage.

• Die für das Aussetzen am besten geeignete Tageszeit ist die frühe Abenddämmerung. Dann wird der Igel aktiv und unternehmungslustig.

Die richtige Stelle

Immer wieder kann man in der einschlägigen Literatur lesen, man solle einen Igel dort freilassen, wo man ihn gefunden hat. Das ist jedoch nicht in jedem Fall zu empfehlen. Zum Beispiel werden verletzte Igel häufig nahe einer Straße gefunden, aussetzen sollte man sie aus naheliegenden Gründen aber möglichst in einer Gegend, die nicht von Durchgangsstraßen durchzogen ist. (Laut Statistik sterben auf Land-, Durchgangs- und Schnellverkehrsstraßen sehr viel mehr Igel den Unfalltod als auf kleinen Straßen innerhalb städtischer Wohngebiete.) Noch schwerer ist es, eine Stelle zu finden, wo der Igel nicht durch Umweltgifte bedroht ist.

Wichtig ist, den Igel in einer Umgebung auszusetzen, in der er die besten Überlebenschancen hat. Ob er dann dort bleibt oder umgehend einige Kilometer weiterwandert, ist ohnehin ungewiß.

Geeignet ist ein Areal mit dichtem Buschwerk, in dem der Igel sich verbergen und seine Laubnester bauen kann.

Wenn Sie in einer Wohngegend mit ruhigen Zufahrtsstraßen wohnen und einen igelgerechten Garten (→Seite 68) Ihr eigen nennen, können Sie

Krankheiten, die vom Igel auf den Menschen übertragen werden können

Bei der Pflege eines kranken Igels ist der häufige, enge Kontakt mit ihm nicht zu umgehen. Da einige Krankheiten und Parasiten auf den Menschen übertragbar sind, sollten Sie unbedingt nachfolgende Ratschläge beachten! Wenden Sie sich im Zweifelsfall an den Tierarzt oder an Ihren Hausarzt.

Igelscherpilzflechte: Infektion durch den Igelscherpilz (Trichophyton erinacei), die beim Menschen eine entzündliche Hautreaktion (Dermatitis) hervorruft. Sie kann mit entsprechenden Medikamenten gegen Pilzkrankheiten (Antimykotica) wirksam behandelt werden. Befallene Tiere (trockene, schorfige Haut mit kahlen Stellen) mit Handschuhen anfassen und zum Tierarzt oder zu einer Igelstation bringen. Alles, womit der Igel in Berührung kam, desinfizieren.

Leptospirosis: Bakterielle Infektion, die beim Igel zu einer Art Gelbsucht führt. Tritt sehr selten auf. Kann beim Menschen die Weil'sche Krankheit, eine Form der Hepatitis, hervorrufen. Bemerken Sie beim Igel eine gelbe Mundschleimhaut, das Tier nur mit Gummihandschuhen anfassen und sofort zum Tierarzt oder in ein veterinärmedizinisches Untersuchungsamt bringen. Alles, womit der Igel in Berührung kam, desinfizieren.

Salmonellen: Igel können davon befallen sein. Sie vermeiden eine Ansteckung, indem Sie die im Umgang mit Tieren selbstverständlichen hygienischen Regeln beachten. Vor allem immer gründlich die Hände waschen!

Frühsommer-Meningo-Encephalitis (FSME): Gefährliche Viruserkrankung, die mit einer Gehirnhautentzündung einhergeht. Wird in manchen Gegenden von Zecken übertragen. Zecken sollten deswegen, nachdem sie aus der Haut des Igels entfernt wurden, in einem Glas mit Alkohol abgetötet werden. Danach gründlich Hände waschen!

Nicht übertragbar vom Igel auf den Menschen sind Lungen- und Darmparasiten (→Seite 38 und 82) und die Tollwut (→Selbstbespeicheln, Seite 39).

Wichtiger Hinweis: Unumgänglich ist ein wirksamer Tetanus-Impfschutz (Auffrischung alle 5 Jahre), da es im Umgang mit Igeln durch Stiche und Bisse zu Verletzungen kommen kann.

Ihren Pflegling natürlich auch dort aussetzen. Achten Sie darauf, daß ringsum alle Zäune »igeldurchlässig« sind. Andernfalls würde Ihr Igel wieder als Gefangener leben ohne Chance, einen Fortpflanzungspartner zu finden.
Nicht geeignet als Lebensraum für einen Igel ist Hochwald oder zu feuchtes Gelände.

Zurechtkommen in der freien Natur

Verlernt ein Igel in der Zeit der häuslichen Pflege nicht, was in der Natur überlebenswichtig ist, nämlich sein Futter selbst zu suchen und gegenüber Fremdem vorsichtig zu sein? Dies ist eine berechtigte Frage.
Zum Glück ist der Igel noch ein »richtiges« Wildtier. Dank seiner intakten Instinkte kann er sich so verhalten, wie es fürs Überleben wichtig ist. Auch wenn er seinem Pfleger gegenüber völlig zutraulich ist, legt er meist sofort ein anderes Verhalten an den Tag, sobald man ihn draußen ins Gras setzt. Er duckt sich, erstarrt bei jedem ungewohnten Geräusch und schiebt bei fremden Personen oder Tieren sofort die Stirnstacheln vor. (Das ist meist auch während der häuslichen Pflege nicht anders.)
Die Umstellung vom täglich gefüllten Napf auf die selbständige Futtersuche kann dagegen schwieriger sein. Vor allem handaufgezogene Igelkinder, die ihre artgemäßen

Nützling Igel: Schnecken mag er besonders gern.

Futtertiere noch nie gesehen haben, stehen bisweilen ziemlich ratlos vor dem sich windenden Regenwurm oder einem davoneilenden Käfer.
Was Sie tun können: Bieten Sie Ihrem Igel in den letzten Tagen vor dem geplanten Freilassungstermin verschiedene lebende Futtertiere an, zum Beispiel Käfer oder Regenwürmer. Falls Sie ihn in Ihrem Garten aussetzen, stellen Sie ihm noch ein paar Tage lang auf der Terrasse oder in einer Gartenecke sein gewohntes Futter in einem Schälchen hin. Auch wenn sich der Igel in seinen ersten Freiheitstagen bei der selbständigen Futtersuche noch ein wenig »dumm« anstellt, wird er in kurzer Zeit wieder ganz routiniert nach Käfern schnappen, Raupen verschlingen und Schneckenhäuser knacken. Ein paar Gramm Gewichtsverlust schaden ihm sicher nicht. Übrigens tun Sie Ihrem Igel nichts Gutes, wenn Sie ihn übergewichtig aus Ihrer Obhut entlassen. Ein 1500 g schwerer, verfetteter Igel, der seine Speckwamme schier über den Boden schleift, ist unbeweglich und träge und tut sich hart, in der Natur zu bestehen. 800 bis 1000 g Körpergewicht genügen vollauf. Je lebhafter der Igel ist und je hochbeiniger er rennen kann, desto besser stehen seine Chancen.

Überwintern in Menschenobhut – sinnvoll oder nicht?

In allen größeren Städten gibt es heute Arbeitsgruppen für Igelschutz, eingetragene Vereine der Igelfreunde und Igelstationen mit Dutzenden ehrenamtlicher Mitarbeiter. Sobald der Herbst näherrückt, erscheint das Thema »So helfen Sie dem Igel« in kostenlos verteilten Broschüren von Tierschutzvereinen und Zoohandlungen und auf den Ratgeber-Seiten zahlloser Zeitschriften. Indessen ist in Fachkreisen und bei ernsthaften Naturschützern das Überwintern von Igeln in Menschenobhut immer mehr ins Kreuzfeuer der Kritik geraten.

Was dagegen spricht:

• Tierschutz

Nach dem geltenden Tierschutzrecht darf jeder Mensch einen Igel vorübergehend aufnehmen. Oft genug wird dieser dann in bester Absicht »zu Tode gepflegt«. Vor allem in der Hand wohlmeinender, aber unerfahrener Laien sterben allzu viele Igel schon während der häuslichen Pflege oder kurze Zeit nach ihrer Wiederfreilassung.

• Natürliche Auslese

Der Igel zählt zwar nach dem Gesetz zu den »streng geschützten« Arten, ist aber in Deutschland in seinem Bestand derzeit durchaus nicht gefährdet. Zu diesem Ergebnis kamen übereinstimmend mehrere umfangreiche Untersuchungen, die in den letzten Jahren als Staatsaufträge an Biologen vergeben wurden. Dagegen zeigten einige in menschlicher Obhut überwinterte und im Frühjahr wieder freigelassene Igel veränderte Verhaltensmuster, langfristig gesehen eine erhöhte Sterblichkeit und Schwierigkeiten mit der Fortpflanzung. Für den Igel gilt wie für alle Wildtiere, daß für den gesunden Fortbestand der Art die natürliche Auslese sehr wichtig ist. Aus biologischer Sicht ist es also durchaus sinnvoll, daß ein Teil der Igel den Winter nicht überlebt. Nach allem, was man bisher weiß, ist also zur Arterhaltung gegenwärtig die Überwinterung von Igeln in menschlicher Obhut nicht notwendig. Hinsichtlich des Tierschutzes ist sie sogar eher fragwürdig.

Was dafür spricht:

Warum ich in diesem Buch dennoch beschrieben habe, wie man einen aufgenommenen Igel pflegt und betreut, hat einen einfachen Grund. Da ich glaube, daß man durch wissenschaftliche Erkenntnisse von heute auf morgen Tausende wohlmeinender Tierfreunde nicht davon abhalten kann, den Igeln zu »helfen«, sollen sie es wenigstens richtig machen.

Und noch ein Argument für die häusliche Igelpflege: Sie bietet die Möglichkeit, sich mit der Tierart Igel zu befassen und sie kennenzulernen. Wer wochenlang einen Igel als Hausgenossen betreut, entwickelt zumeist eine starke emotionale Bindung an dieses Tier. Und nur das, was der Mensch kennt und schätzt, ist er auch zu schützen bereit. So hoffe ich, daß Igelpfleger auch späterhin dem Igel als Wildtierart helfen und sich für die Erhaltung, Verbesserung und Neuschaffung seines Lebensraums einsetzen wollen.

Wichtige Hinweise

Beim Umgang mit Igeln kann es durch Stiche und Bisse zu Verletzungen kommen. Sorgen Sie deshalb für einen wirksamen Tetanus-Impfschutz (Auffrischung alle 5 Jahre), und lassen Sie solche Verletzungen sofort vom Arzt versorgen.

Einige Krankheiten und Parasiten sind auf den Menschen übertragbar. Lesen Sie dazu unbedingt die auf Seite 90 stehenden Informationen und Ratschläge. Zeigen sich bei dem in Pflege aufgenommenen Igel Krankheitszeichen, sollten Sie unbedingt einen Tierarzt oder eine im Umgang mit Igeln erfahrene Person (Igelstationen →Adressen Seite 96) zu Rate ziehen. Gehen Sie im Zweifelsfall selbst zum Arzt und weisen Sie ihn auf die Igelhaltung hin.

Den Winter über war er Gast im Haus. Nun kehrt er, wie es sich für einen Igel gehört, in die freie Natur zurück. ▶

IGEL REGISTER

Bücher und Adressen

Bücher

Dietzen, W., Obermaier, E.: *Igelschutz – aber richtig.* Broschüre der Wildbiologischen Gesellschaft München e.V., 1986.
Fons, R.: *Igel,* In: Grzimeks Enzyklopädie – Säugetiere. Kindler Verlag, 1988.
Morris, P.: *Alles über Igel.* Albert Müller Verlag, Ruschlikon, 1987.
Neumeier, M., Steinbach, G. (Hrg.): *Wir tun was für die Igel.* Franckh-Kosmos, Stuttgart, 1990.
Poduschka, W., Saupe, E., Schütze, H.R.: *Das Igel-Brevier.* 6. Auflage 1984. Zu beziehen über: Zoologische Gesellschaft von 1858, Alfred Brehm-Platz 16, 6000 Frankfurt 1.
Stocker, L.: *Das große Buch der Igel.* Gustav Lübbe Verlag, 1989.
Kreuter, M.-L.: *Biologischer Pflanzenschutz.* BLV Verlagsgesellschaft, München, 1984.
Recht, Ch.: *Beerenobst biologisch ziehen.* Gräfe und Unzer, München 1991.
Recht, Ch.: *Gemüse biologisch ziehen.* Gräfe und Unzer, München 1992.
Recht, Chr.: *Obstbäume biologisch ziehen.* Gräfe und Unzer, München 1990.
Schlammer, G.: *Gesunder Boden – gesunde Pflanzen.* Gräfe und Unzer, München 1991.

Adressen

Die Adressen der zahlreichen Igelschutz-Vereine im deutschsprachigen Raum und vor allem von Igel-Stationen in Ihrer Nähe erfahren Sie **in Deutschland** über den Bund für Umwelt und Naturschutz Deutschland e.V. (BUND), Im Rheingarten 7, 5300 Bonn 3.
in der Schweiz über den Schweizer Tierschutz, Birsfelderstr. 45, CH-4052 Basel.
in Österreich über Igelfreunde Österreichs, A-5023 Salzburg-Esch 328.

Die Autorin:

Dr. rer. nat. Helga Hofmann, München, Diplombiologin für Zoologie und Botanik, ist freie Mitarbeiterin am Zoologischen Institut der Universität München mit den Schwerpunktthemen Säugetiere und Verhaltensforschung. Sie ist Autorin des GU Naturführers Säugetiere.

Autorin und Verlag danken Herrn Dr. Uwe Streitferdt für die Durchsicht des Kapitels »Krankheiten, die vom Igel auf den Menschen übertragen werden können« sowie dem Arbeitskreis Igel, Gröbenzell, und dem Verein für Igelfreunde, Großholzhausen, die mit praktischen Ratschlägen und freundlicher Unterstützung beim Fotografieren zum Gelingen dieses Buchs beigetragen haben.

Die Fotografen:

Aquila/Birkhead: Seite U1 Klappe;
Aquila/Wilkes: Seite 40 u.;
Ardea/Bomford: Seite 27;
Cramm: Seite 8/9;
Danegger: Seite 2/3, 6/7, 12/13, 14/15, 20/21, 25 u., 31, 36, 96/U3;
Hahn: Seite 23 u., 26, 32, 40 o., 41, 73 o.;
Kuczka: Seite U1, 29;
Labhardt: Seite 24, 33;
Lenz: Seite 18/19, 73 u.;
Nill: Seite U4 Klappe;
Reinhard: Seite 25 o., 49;
Schendel: Seite 10/11;
Silvestris/Hanneforth: Seite 5 o.;
Sudbrack: Seite 16/17;
Wegler: Seite U 2 Klappe, U2, 1, 4, 44/45, 69, 76, 77, 80, 81, 84, 85, 88/89, 89, 93, U4.
Wothe: Seite 5 u., 23 o.

Die Deutsche Bibliothek – CIP-Einheitsaufnahme

Hofmann, Helga:
Der Igel: unser geliebtes Stacheltier –kennenlernen, erleben, schützen; Ratgeber: Igel überwintern in Haus und Garten / Helga Hofmann. – 1. Aufl. – München: Gräfe und Unzer, 1992
(GU-Tier-Erlebnisse)
ISBN 3-7742-1075-6

1. Auflage 1992

Redaktionsleitung:
Hans Scherz
Stellvertretende Redaktionsleitung: Renate Weinberger
Redaktion: Katrin Behrend
Igel Geschichte: Nacherzählt von Katrin Behrend
Zeichnungen:
György Jankovics
Produktion:
Johannes Schmidt-Thomé
Gestaltung:
Heinz Kraxenberger
Gesamtherstellung: BuchHaus. Kraxenberger.Gigler.GmbH
Reproduktion: Barthel Lithos
Druck: Georg Appl
Bindung:
Buggermann & Wappes

ISBN 3-7742-1075-6

Igelmutter mit Jungen auf Nahrungssuche